好きそうな人と見つけて、
生きる誘惑に、
乗っていればいい。

典今草太

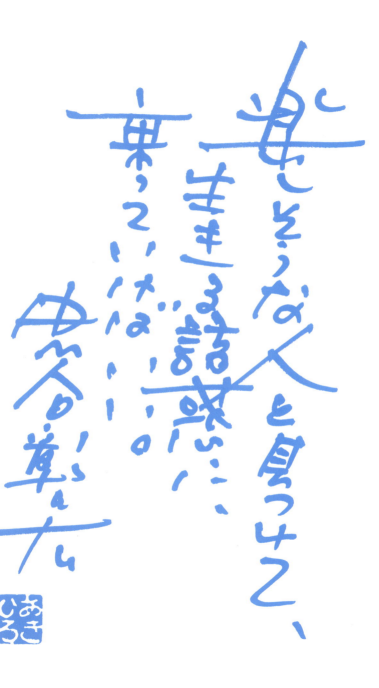

この本は、
3人のために書きました。

1

つい、だらけてしまうのを、
なんとかしたい人。

2

ワクワクするものに、
出会いたい人。

3

大切な人に、
やる気を出させてあげたい人。

プロローグ

慰め・脅し・励ましよりも、
「生きる誘惑」で、人は変わる。

悩みごとで多いのは、「ついついだらけてしまいます」です。

「死にたいんです」という相談より、多いです。

「死にたいほどではないけれども、休みの日に勉強や仕事をしようと思っても、ついだらけて過ごして、気がついたら日曜日の夜になってしまっている。仕事をしなければいけない日もだらけてしまう。これでいいんだろうか」という悩みは切実です。

よくあるアドバイスは、3つあります。
①「みんなそうだよ」という慰《なぐさ》め
②「そんなことしたらダメ人間になるよ」という脅し
③「頑張《がんば》れ」という励まし
どれも有効ではありません。

ここで有効なのは、「生きる誘惑」をすることです。

だらけているのは、「だらける誘惑」がプライオリティー1位だからです。

「だらける」を上回るものが今はないだけなのです。

だらけた人間だからではないのです。

「だらける」を上回る誘惑に出会えばいいのです。

自分が落ち込んでいる時も、落ち込んでいる人を助ける時も、生きる誘惑とどのように出会うかが一番大切です。

だらけている状態は、「プチ自殺」です。

その時間を死んでいくのと同じだからです。

「死にたい」と言っている人は、「死んだらラクになれる」という誘惑があります。

それを上回る誘惑があれば、死なないのです。

たとえば、橋の上でこれから飛び降りて死のうとしている時に、焼き芋の匂いが漂ってきます。

その瞬間、「死ぬのは焼き芋を食べてからにしようかな」と誘惑されます。

これは、慰めでも、脅しでも、励ましでもありません。

「焼き芋、おいしいよ」という誘惑です。

「生きろ」とも言っていないのです。

頑張れる人は、根性よりも「生きる誘惑」を持っている人です。

それは焼き芋の匂いのこともあるし、ひょっとしたらカレーの匂いということもあります。

生きる誘惑として、「匂い系」は強いのです。

そういうものに出会えるかどうかです。

「超幸せにする」や「大金持ちにする」や「超素敵な恋人をつくる」ということでなくていいのです。

焼き芋の匂いがしたら、焼き芋が食べたくなります。

死ぬ前に食べるのだから、ちょっと遠くても、どうせなら一番好きな焼き芋屋さんの焼き芋を食べたいと思います。

いつもいるところに焼き芋屋さんがいなくて、探しまわります。

はたから見ると、その人は一生懸命頑張っている人に見えます。

頑張っているわけではありません。

ただ焼き芋を食べたいだけです。

焼き芋の匂いという「生きる誘惑」の匂いをかぐことです。

それだけのことで、この人は自殺を思いとどまることもできるのです。

自分を動かす工夫

01

生きる誘惑に、出会おう。

自分を動かす61の工夫

11□……即決していこう。
12□……誘惑で、比較しよう。
13□……お金をつくれる人より、モノをつくれる人になろう。
14□……儲かることより、成長できることを選ぼう。
15□……緊張する方を、選ぼう。
16□……助けられるより、助けよう。
17□……厳しい方を、選ぼう。
18□……うまくいかなくても、好きなことをしよう。
19□……何かを捨てよう。
20□……理解されないことをしよう。
21□……他人の信じるものより、自分の信じるものを信じよう。
22□……「こんなこともできる」をしよう。
23□……「やりすぎ」と叱られよう。

50□……お金の使い方より、時間の使い方を変えよう。
51□……悪条件を、楽しもう。
52□……出口より、出口につながる壁を見つけて穴をあけよう。
53□……方法より、目標を見つけよう。
54□……ラクになりたいより、成長したいを目指そう。
55□……ゴールしても、走り続けよう。
56□……向上心を、放棄しない。
57□……問題を探そう。
58□……自分に自律を求めよう。
59□……混沌は、避けない。
60□……美しいしぐさに出会おう。
61□……生きる誘惑で、人生を変えよう。

目次

第2章 「誘惑」で、決断する。

第3章 「誘惑」で、自由になる。

エピローグ

生きる誘惑

自分を動かす61の工夫

第1章

「誘惑」を、生きる力にする。

前売券を買うことで、見に行く意欲が湧く。

前売券を買うことのメリットは、並ばなくていいことです。

美術展で並んでいるのはチケット売場です。

それ以上に大きいメリットは、前売券があれば、美術展に行くモチベーションになることです。

前売券を買っても、行こうと思ったら、終わっていたということがあります。

そんなことが2回続くと、「もう前売券は買わない」どころか、「美術展なんか二度と行くもんか」という気持ちになってしまいます。

これが人生のマイナスです。

前売券を買っていなければ、なかなか行く気が起きません。

「次に来た時でいいか」と思っても、名作が次にまわってくるのは50年先です。巡回展だから「東京で見れなかったら大阪で見ればいい」と言いますが、東京で見ていない人間が、わざわざ大阪まで見に行かないのです。

スポーツの試合や、オペラ、演劇のチケットは、半年先のイベントです。

「その日に残業が入ったら困るから、もう少し日にちが近づいてから買おう」と考えますが、残業は帰りぎわに突然決まります。

帰ろうとしていると、上司が「帰らせるのは損」という感じで何か頼むのです。

結局、当日でも予定はわからないのです。

前売券を買っておくことで、その後の人生が変わってきます。

旅行にしても、予約した日に行けるかどうかはわかりません。

それでも予約をとっておくことで、気分が高まっていきます。

中谷塾の遠足で、新しくリニューアルした「ザ・プリンスギャラリー東京紀尾井町《きおい》」に生徒を連れて行きました。

その後、岩田君夫婦は早速宿泊を申し込んで、2カ月後に行くことにしました。

ラグジュアリーホテルなので、緊張します。

岩田君が偉かったのは、行くまでの2カ月間、美術館をまわったり神社仏閣をめぐったりして、一流体験の緊張の特訓をしたことです。

練習することで、心理的ハードルを下げていったのです。

岩田君夫婦は、1泊ではなく、2カ月間泊まるのと同じ楽しみを味わいました。

前売券が、生きる誘惑になっているのです。

自分を動かす工夫

02

人生の前売券を、買おう。

ダンスフロアではなく、帰り道で踊れる。

ダンスを習って発表会でデモンストレーションを見せたいと言う人は、デモンストレーションが終わるとやめてしまいます。

「ダンスなんか習っても、ダンスパーティーもないし、踊る機会もない。上手でもないし」と言う人は、やっぱり続かないのです。

ドラマ『TAROの塔』の中に、岡本太郎とパートナーの敏子《としこ》さんのこんなエピソードがあります。

まだ貧乏だった時に、せっかく電車賃を残しながら飲んでいたのに、終電を逃してしまいます。

帰りの道々、岡本太郎はトボトボ歩くのではなく、敏子さんに「踊ろう」と言って、線路の上を踊りながら帰りました。

これが時間の使い方です。

「なんで時間を見ておかなかったの」と、もめながら帰るか、踊りながら帰るかの違いです。

ダンスで大切なのは、ダンスフロアで踊ることではありません。

24時間、どんな場所でも踊れるようになることです。

すべての立居《たちい》ふるまいがダンスのようにできることが、誘惑なのです。

自分を動かす工夫

03

「家に帰るまでが遠足」を楽しもう。

頑張らなくていい。生きる誘惑に乗るだけでいい。

「どうしてもだらけてしまうんです」と言う人は、まじめな人です。

ふまじめな人は、「だらけてません」と言っています。

さらに、「だらけて何が悪いんだ」と開き直ります。

まじめな人は、心の中にどこか「だらけていていいのだろうか」という反省があります。

だらけることへの誘惑度が弱くて、「ほかに何かあるに違いない」と思っています。

それを私に相談するのは、「先生はだらけてなさそうだし、頑張っているのに楽しそう。何かコツがあるはずだ」と思っているからです。

「自分は頑張り足りないのではないか」と、自分を責めると、よけい疲れます。

焼き芋の匂いにつられて焼き芋屋を探しまわる時、人は「頑張っている」という意識はありません。

「頑張って焼き芋屋を探せ」ということは、ないのです。

ガケから飛び降りて死のうと思っていた人が、ガケをよじ登っていきます。

途中で足を滑らせて、思わず「危ない！」と、身を守ります。

これは頑張っているわけではありません。

「危うく死ぬところだった」というのが、その人の生きる誘惑です。

頑張る必要はありません。

ただ生きる誘惑に乗るだけでいいのです。

自分を動かす工夫

04

生きる誘惑に乗ろう。

美しいものは、生きる誘惑がある。

美しいものを見ると、人は生きる元気が湧いてきます。

子どもの時に食べた焼き芋は、新聞紙の匂いがして、割った時はきれいな黄色です。

そこから湯気が立っています。

皮がおいしくて、皮をむしって皮だけ食べたこと、買ってくれた親のことを思い出すのです。

焼き芋を見る子どもは、視野が焼き芋の中に入り込んでいます。

そんなに見つめなくても食べられるのに、焼き芋は死ぬほど見つめて食べるのです。

スマホでゲームをしながら焼き芋は食べられません。

映画を見ながらも食べられません。

ポップコーンを食べるようには食べられないのです。

それが美しさです。

今から死のうという時に、ふっと、川辺に桜のつぼみを見たら、「花が咲くところを見てからにしようかな」と思います。

咲いているところを見たら、「散るところを見てからにしようかな」と思います。

そんなことを考えているうちに、死ぬのが延び延びになります。

美しいものに出会うことは、人間に励まし以上の何かを与えるのです。

映画監督は、映画の登場人物が悲惨な状況の時、必ずそこに美しいものを入れます。

その美しいものが「死んではダメだよ」と、生きる誘惑をしているのです。

自分を動かす工夫

05 日常の美しいものに、誘惑されよう。

美しいものは、日常の中にある。

「美しいものを見よう」という話をすると、「私のまわりにはそんな絶景はないです」と言う人がいます。

この人は、「美しいもの」と聞くと、南米のウユニ湖のような絶景を思い浮かべるのです。

たしかにウユニ湖はガラスのような水面に空と地面が映り込んでいて、素晴らしくきれいです。

日常生活の中にも、美しいものはたくさんあります。

たとえば、アスファルトは雨が降ると水たまりになります。

タクシーに乗る時に水がはねるので、そこはよけています。

ある日、大雨の後に水たまりができていました。

大雨の後は、すっとぼけたかのようにきれいに晴れるのです。

その水たまりに青い空と雲が映っていました。

私はそれをなんとか写メで撮ろうとしました。

でも、写真ではどうしても目で見ている時のきれいさが出なくて断念しました。

それを知人が見ていて、「何をしているのかと思った」と笑っていました。

12月になると、あちこちでイルミネーションが点灯されます。

それと同じように、どこかの家のポツンとともったオレンジがかった明かりとか、川の上の陸橋《りっきょう》を渡る電車の明かりに美しさを感じるのです。

サクラクレパスが「ご当地クレパス」をかつて出しました。

違う組み合わせの6色組で、大阪・神戸・京都など、それぞれに名前がついています。

大阪のクレパスにはオレンジが入っています。

大阪のオレンジは、たこ焼屋のちょうちんの明かりのオレンジという名称でした。

たしかに、あれは赤ではなく、オレンジです。

日常の中の美しさに気づくことができれば、わざわざ海外まで行かなくてもいいのです。

朝の通勤前の時間帯にも、いいことがなかった日の帰り道にも、何げなしに交差点で信号を待っている時にも、踏切で電車が通るのを待っている時にも、美しいものにたくさん出会えるのです。

気づくだけでいいのです。

自分を動かす工夫

06 身近なものの美しさに、気づこう。

本には、美しい言葉の誘惑がある。

電車で本を読んでいると、私はいつも降りる駅を通り過ぎてしまいます。
本の中で生きる誘惑に高ぶって、降りる駅が来ても気づかないのです。
本を読んでいる時は、座らないようにしています。
本の世界に入っていると、前におばあさんが立っても気づけないからです。
立っていても、本を読んでいるとしんどさは何もありません。
満員電車の息苦しさもありません。
意識がどこかへ飛んでいるからです。

1冊の本の中で1つの美しい言葉に出会うのは、美術館でお気に入りの絵に出会うのと同じです。

自分を動かす工夫

07 美しい言葉に、出会おう。

旅行で美しい景色に出会うのと同じです。

美しい言葉には、生きる誘惑力があるのです。

言葉は、「こうしなければダメ」という事務的なミーティングのために生まれたものではありません。

人を誘惑するために生まれたのが、言葉の原点です。

だからこそ言葉は引き継がれてきたのです。

「言葉の中に、魔法がある」のではありません。

「魔法の中に、言葉がある」のです。

言葉は最初、魔法として生まれました。

本には魔法が詰まっているのです。

見えるものより、見えないものに生きる誘惑がある。

「見えるもの」には、瞬間的な誘惑力があります。
ただし、「もう見た」と言われます。
「大体わかりました」と言われます。
本には、文字で書かれたところと文字の書かれていない行間があります。
大切なことは行間に書かれています。
文字だけ読むと、「大体読みました」ということになります。
大切なのは、文字と文字との間の見えないつながりの部分を味わうことです。
絵で言うと、余白に何が描かれているのかを味わうのです。
ここに個人差が生まれます。

たとえば、ビュッフェはお皿を何回交換してもいいのです。

にもかかわらず、「載せ切らないと損」とばかりに、お皿に載るだけ載せている人がいます。

その人は、ふだん1皿だけのお店にしか行っていないのです。

つかみどりと同じような発想です。

袋に詰めるだけ詰めて500円という感覚でいるのです。

そこで損をするのは、お皿を味わえないことです。

高級料亭で、「こんな大きいお皿なのに、なんで真ん中にチョロッとしか載っていないんだ。ケチ」と文句を言う人は、お皿の値段を知らない人です。

そのお皿がどんなに高価なお皿なのか、わかっていないのです。

お皿を味わえない人は、とにかく量のことだけ考えています。

量は目に見えるものです。

お皿は見ていなければ見えないし、お店に返すものです。

人間は、つい数値化できるものに吸い寄せられがちです。

そういうものをモチベーションにしていると、「大体見ました」と、すぐに気持ちが冷めてしまいます。

「見えないもの」の生きる誘惑は冷めないのです。

「ミロのヴィーナス」も「サモトラケのニケ」も、体の一部が欠損しています。

見えないことで、永遠になっていくのです。

誰かが「ミロのヴィーナス」に腕をつけていたら、美術館のあんないい位置には置かれていません。

「あっ、見た」で終わりです。

ないことで想像が膨らんで、無限に味わえるのです。

自分を動かす工夫

08 数字にできないものを感じよう。

勉強とは、生きる誘惑に出会うことだ。

「誘惑」は、言葉的に良くないことのような印象があります。

「誘惑」イコール「負けてはダメ」、「誘惑」イコール「悪」と思われているのです。

絵で描くと、黒い悪魔が飛んできて唆（そそのか）されるイメージです。

誘惑は、ポジティブなことです。

勉強も、誘惑です。

数学で方程式を教わるのは、「これはこうすると解けるよ」という誘惑です。

今までいちいち足し算していたものが、一発で解けるのです。

「そんないい方法があるのか」と、目からウロコです。

「九九を覚えると計算が早いよ」というのも誘惑です。

急に自分が魔法を使えるようになるのです。
戦時中に収容所で生き延びたのは、生きる誘惑を持った人たちでした。
生きる希望は自分でつくり出します。
ロシアの経済学者トラハテンベルクは、収容所の中で暗算の方法を考えました。
頭の中でできるので、収容所でも考えられます。
それをしていると退屈しないのです。

自分を動かす工夫

09 生きる誘惑をされよう。

過去に忙しくなるより、未来に忙しく。

私が無人島にたどり着いたとしたら、まずは「自分がたどり着いたのだから、また誰か来るに違いない。それは美人に違いない」と想像します。

そして、美人が来た時のために、まずは衣食住を整えて、次にアミューズメントをつくろうと考えます。

そんなことを考えていると、絶望しているヒマはありません。

忙しくてしようがないのです。

無人島で絶望するのは、退屈するからです。

「忙しい」も生きる誘惑です。

「忙しい」には、

① 過去に忙しい
② 未来に忙しい
という2通りの意味があります。

「毎日忙しくて」と言う人は、過去に忙しい人です。

上司に「あれはやったの」と聞かれて、「すみません、バタバタして遅れました」と言うのです。


いずれ美人が漂着《ひょうちゃく》するというのは、まだ起こっていない出来事です。

その美人を喜ばせようと考えるのは、未来に忙しいのです。

「どうやってこの島を抜け出そうか」と考えている人は、過去に帰りたいと思っています。

美人が漂着した時のために準備をしている人は、すでに無人島での永住を決めています。

せっかく神様がここに連れてきてくれて、無人島の王様になれたのです。

過去に戻っている場合ではありません。

脱出のことなど、ひとつも考えていないのです。

脱出を考えている人は、助けが来ないので、毎日がしんどくなります。

大杉栄は、政治犯として何度も逮捕されています。

刑務所に入るたびに、今回はフランス語、次はロシア語と、言語を1つ1つ習得していきました。

自習室をもらったようなものです。

「出所だ」と言われたら、「ヤバい、もう出所？」という感覚です。

これが未来に対して忙しいということなのです。

自分を動かす工夫

10 未来に忙しくなろう。

第2章

「誘惑」で、決断する。

即決回数が多いほど、生きる誘惑に素直に、動ける。

「誘惑はされるんですけど、なかなか決断ができないんです」と言う人がいます。

決断ができないということは、まだ誘惑されていないのです。

誘惑にのる時は、決断はいりません。

「先に焼き芋だけ食べて死のう」と思う時も、決断はいりません。

焼き芋屋さんがいつものところにいなかった時に、「やっぱり死のう」と思わずに、「ひょっとしたらあっちにいるかな。あっちで見たことがある」と探しに行くのは、何も決断をしているわけではありません。

「決断」という言葉を使っている時点で、誘惑度が弱いです。


生きる誘惑に出会っている人は、「決断」という言葉を使いません。

「決断が速い人」と「遅い人」がいるだけです。
決断の速さは、小さな決断をどれだけ速くしているかで決まります。

生きる誘惑に出会える人は、日常のメニューを頼むスピードが速いです。

「メニューを頼むスピードが速いと間違えるじゃないですか」と言う人がいます。

逆です。

じっくり考えていると、間違えます。

いつもじっくり考えていると、直感に従わないため、直感力がつかなくなります。

速く決めるから、直感力がついて、正解率が上がるのです。

これが速く決めることの利点です。

遅く決めることによって、どんどん正解率が下がります。

それでは、正解率が下がるから考えるという負のスパイラルへ入ってしまいます。

常に「これ、面白そう。ワクワクする。燃える」と感じたら、ポンとのればいいのです。

そのためには、日ごろの習慣として、メニューを速く決めることです。

壁中にメニューが貼られている大衆食堂でも、一発で注文を決めます。

それで、「しまった。あれがあった」という体験をすればいいのです。

それこそがワクワクする体験です。

「ハムエッグ定食に目玉焼きをつけちゃった。でも正解」と喜んでいると、まわりの人からうらやましがられます。

そのおかげで、お店の人に「ハムエッグ定食に目玉焼きをつける人」と覚えてもらえたりします。

大衆食堂のそこらじゅうに貼ってあるメニューから、即決することは難しいです。

大衆食堂の引き戸をガラッとあけて、席に座るまでに注文する人は「あ、カッコいい」と言われるのです。

速断速決のカッコよさが、生きる誘惑になるのです。

自分を動かす工夫

11 即決していこう。

デメリットで比較すると迷う。誘惑には、迷いがない。

迷う行為が、一番疲れます。

本人だけではなく、まわりの人も疲れます。

「早く決めてよ」と思うのです。

疲れてくると、よけい決められなくなります。

頭がまわらなくなって、エネルギーがエンプティーになっていくからです。

迷っている人は、「Aにはこういうデメリットがあって、Bにもこういうデメリットがある」と、デメリットの比較をしています。

これでは永遠に決められません。

たとえば、今の仕事が面白くないから、ほかの仕事に転職しようと考える。

デメリットは身近なものほど見えやすいので、今の仕事のデメリットは、はっきり具体的に見えています。

次の仕事に移ろうとして、いろいろ話を聞いているうちに、「おやおや、こっちもなかなか大変だぞ」というのが見えてきます。

さらに遠くの新たなおいしそうな仕事も、近づくにつれて、「おやおや、これも何かうさんくさいぞ」ということになります。

これを繰り返すから、デメリットでは決められないのです。

唯一決められるのは、メリットの比較です。

おいしい焼き芋を食べたい時は、いつものおいしい焼き芋屋さんのところに走っていきます。

走っていくしんどさは何も考えません。

値段が少々高くても、なんとも思いません。

メリットの比較においては、デメリットのことはスッパリ忘れているのです。

メリットとデメリットを挙げて、マトリックスの詳細な表にしても、あまり意味がありません。

デメリットは数値化できますが、メリットは数値化できないからです。

メリットは、個人の主観で好き好きなので、比較のしようがありません。

恋人のことを「あんな人、どこがいいの」と言われても、本人の好みなので説明のしようがないのです。

説明できないものが一番強いのです。

説明できるものは数字で相殺《そうさい》されるので、弱いのです。

「とりたててかわいくもないし、とりたてて性格もよくないんだけど、なんかいいんだよね」というのが、ツボにハマっている状態です。

「ツボ」は言葉で表現できない世界です。

説明できないメリットが誘惑なのです。

自分を動かす工夫

12 誘惑で、比較しよう。

300億円の絵が買える金持ちになりたいか、300億円の絵を描ける画家になりたいか。

「金運」というテーマでセミナーを開くと、参加者が大ぜい集まります。

本もよく売れます。

やはりお金の誘惑は大きいのです。

ここで質問です。

「お金があって才能のない人」と「才能があってお金のない人」とでは、どちらになりたいでしょうか。

300億円でゴーギャンの絵を買った人は、みんなから「凄《すご》いね。お金があったらなんでも買えるね」と言われます。

そういう人になりたいか、300億円で売れる絵を描けるゴーギャンになりたいかということです。

ゴーギャンは不遇のうちに死にました。

絵が売れたのは死んでからです。

300億円の絵が描けたとしても、売るまでは300億円にはなりません。

2つの生き方のどちらの生き方に誘惑を感じるかです。

誘惑には正解はありません。

① 300億円の絵が買える人間
② 300億円の絵が描ける人間
③ 300億円の絵が味わえる人間

この3つのどれを選んでもいいのです。

美術館で300億円の絵を見た時に、「これがなんで300億円?」と思う人は、味わえていません。

恋人としてつきあいたいのは、300億円の絵を買える人か、300億円の絵を描ける人か、300億円の絵を味わえる人かという見方もあります。

「自分もそうなりたい」と、「そういう人とつきあいたい」とでは、また少し変わってきます。

3つのうち、どれになるかを考えてみるのも楽しいです。

人は、考えているうちは死なないのです。

自分を動かす工夫

13 お金をつくれる人より、モノをつくれる人になろう。

儲かることより、出会いのチャンスがあることに、生きる誘惑がある。

転職で迷うのは、転職先に生きる誘惑が足りないからです。

どこが給料が高いか、どこが休みが多いか、どこが仕事がラクそうかで探しても、なかなか決められません。

経済的な豊かさを求めると、生きる誘惑は湧いてこないのです。

社会へ出て、そこそこの年齢になると、転職の時期に入ります。

今は1つの会社で一生を終わる時代ではありません。

人間の寿命も長くなって、働く期間も長くなりました。

やがて、すべての人が2回、3回と転職を経験する時代になるのです。

仕事を選ぶ時の基準は、その仕事に新しい出会いのチャンスがあるかどうか、出会いのチャンスから自分が成長する機会を得られるかどうかです。

今までの自分の得意なことで選ぶと、生きる誘惑は湧いてきません。

今までやっていたノウハウでこなせてしまうからです。

ヘッドハンティングは、得意なことで来ます。

「あなたの得意だったことを、うちに来てやってくれませんか」と言われるのです。

そういう話は、けっこう経済的な豊かさ的には成り立っています。

それに対して、自分にとって勉強になり、成長もあって、新しい人との出会いも生まれる新しいチャレンジ、ホームから離れている道を選ぶことが誘惑になります。

儲《もう》かることよりも、成長できる方を選ぶことが大切なのです。

自分を動かす工夫

14 儲かることより、成長できることを選ぼう。

リラックスすることより、緊張することに、生きる誘惑がある。

「自分は緊張しやすいので、なかなか新しいことが始められない」と言います。

「緊張してうまく実力が発揮できない」と言う人がいます。

そういう人は、AかBかで迷う時に、リラックスできる方を選んでしまいます。

これでは生きる誘惑は湧いてきません。

「あなたといると、ほっとする」と言われる人は、結局、いい人どまりでモテないのです。

女性がワルい男に魅かれるのは、安心感よりも緊張感を求めているからです。

緊張感に、誘惑力があるのです。

生物保存の法則として、自分の生命を守られたいのは当然です。

同時に、自分が持っていないものを持っている人に近づきたいのです。

自分の遺伝子をパワーアップするために、自分の持っていない遺伝子をゲットしたいからです。

今の時代は安全が保証された成熟社会です。

安全が保証されればされるほど、安全な人の価値はなくなります。

「僕は安全だよ」と言われても、みんな安全だからです。

危険な時代には、安全な人に価値がありました。

成熟時代はドキドキするような緊張感を求める時代になったのです。

自分を動かす工夫

15

緊張する方を、選ぼう。

助けられるより、助けるほうが、生きる誘惑になる。

世の中には、
① 助けてもらいたい人
② 助けたい人
の2通りの人しかいません。

受け身か自発かということです。

生きる誘惑は、助ける側にまわることです。

山で遭難した時に、おんぶする方にまわるか、おんぶされる方にまわるかです。

火事の時に、「助けて」と言う方にまわるか、火の中に飛び込んでいく方にまわるかです。

火の中に飛び込んでいくのが消防官の仕事です。

助ける側は、どんな時もしんどいのです。

アメリカのヒーロー映画の最近のトレンドは、ヒーローが民衆からバッシングを受けるという形です。

敵と戦ったのに、「街を壊した」と文句を言われます。

ヒーローが敵と戦ったことで救われた命がたくさんあるのです。

それでも「街を壊した」「ちょっと力があると思って」と、悪口を言われます。

これがヒーローの本質です。

街だけではなく、山で「うちの大切なヒノキを倒しましたね。弁償してください」と、ヒーローに請求に行くようなものです。

助ける側のデメリットは、みずからを危険にさらしながら、みんなから「なにいいカッコしてるの」と言われることです。

それを込みで、助けることの誘惑があるのです。

これは助けた人にしかわかりません。

自分を動かす工夫

16 助けられるより、助けよう。

クロマニョン人は、人を助けることでドーパミンが出た人たちです。
その末裔《まつえい》が、我々ホモ・サピエンスです。
ネアンデルタール人はケガ人を助けませんでした。
ケガ人を助けても足手まといになるからです。
これが想像力のなさなのです。

人通りの少ない道を行くことに生きる誘惑がある。

芦田淳《あしだじゅん》さんは日本を代表するデザイナーです。

高島屋の専属デザイナーや美智子妃殿下《ひでんか》の専任デザイナーで、お家は京都の丹後《たんご》で11代続いている名家です。

11代も続いているのに、お父さんが変わり者で、韓国で一旗上げようとしたために、芦田淳さんは韓国で生まれました。

兄弟のほとんどは東大に行きました。

三男のお兄さんだけが早稲田に行き、「あいつはぐれた。我が家で早稲田はありえない」と言われていました。

その堅い家の中で、芦田淳さんは、中原淳一さんの絵にすっぽりハマったのです。

「おまえ、それ、やれ」と、「ぐれた」と言われた三男の早稲田のお兄さんが応援してくれたのです。

それで、10代の芦田淳さんはデザイン画を持ち、ドキドキしながら中原淳一さんのところへ「弟子にしてください」と行きました。

中原淳一さんは、そのスケッチ画を見て、「この世界は厳しいよ」と言いました。

さすが「この子は10代だけど才能がある」と見抜いたのです。

「君には才能がある」とは言わずに、弟子として認めてくれたのです。

それから中原淳一さんの内弟子になったというのが、デザイナーに向けてのスタートでした。

私が一番好きな芦田淳さんの言葉は「人通りの少ない道を行く」です。

デザイナーはビジネスが絡みます。

人通りの多いところを行かないと売れません。

すべての仕事がお金や商売に絡んでくる時に、人通りの多いところに行くのか少ないところに行くのかが分かれ目になります。

あえて人通りの少ないところを行くのは、勇気のいることです。

それでも人通り多いところを行くのは、クリエーターではありません。

ゴッホやゴーギャンのように、生前は売れなくても、亡くなった後に評価され、時代を変える新しいものを生み出していくのが本当のクリエーターです。

私は、芦田淳さんのお別れの会に行った時、「人通りの少ない道を行く」という言葉に勇気づけられました。

たとえ人通りの少ない道でも、新しい時代をつくり、後の時代の人たちが崇拝するような、影響を与える存在になることが大切なのです。

自分を動かす工夫

17

厳しい方を、選ぼう。

差は、時間がかかることでつく。時間がかかることが、生きる誘惑になる。

「時間がかかるもの」と「かからないもの」があった時に、ついすぐ結果が出るものに手を出します。

すぐに結果が出るものは誘惑になりません。

いつできるかわからない、時間がかかるものの方が楽しいのです。

私は、ボールルームダンスを19年、ボイストレーニングを12年、コアトレーニングを10年続けています。

習っていても、なかなかできないのです。

私は、できるようになることは目指していません。

そうでなければ、できないことにめげて、とっくにやめています。

私は「人間の体はよくできてるな。高性能だな」と感じることをモチベーションにしています。


高性能で精密なものは、使い方が難しくてすぐにできません。


シンプルな機械なら、使い方が簡単なので、すぐにできます。

すぐにできないということは、それだけ人間の体が高性能にできているのです。

私が「こんなこと言ったらいけないですけど、いつになったらできるんでしょうね。つきあわせて申しわけないですね」と言うと、

「もうできてるよ」

「できてるんですか、これ?」

「できてるよ」

「エッ、いつできました?」

「だいぶ前だよ」

と、先生に言われました。
できた瞬間に気づかないというのが楽しいことなのです。
すぐに結果が出たり、すぐにうまくなることは、本当に好きなことではありません。
それは、「できるから好き」というだけです。
本当に好きなことは、「できないけど好き」と思えることなのです。

自分を動かす工夫

18 うまくいかなくても、好きなことをしよう。

第3章

「誘惑」で、自由になる。

手に入れるより、捨てることが、生きる誘惑になる。

何かを手に入れることでは、生きる誘惑は生まれません。

生きる誘惑は、何かを捨てる時に生まれるのです。

何かをパッと手放した時に、凄いワクワク感が湧いてきます。

手に入れた時は、それまでワクワクしていたものが、「こんなものか」という気持ちになります。

はたから見ると、「あの人はいいな」と思っても、手に入れた人は、一抹《いちまつ》の寂しさを感じているのです。

たとえば、何かを手放した人がいます。

手放す時は、自分から捨てる場合もあれば、奪われてなくなる場合もあります。

はたから見ていると、「あの人は気の毒だな」と思っても、本人はニコニコしています。

生きる誘惑は、何かを手に入れることより、何かを減らしてシンプルにしていく中に生まれるからです。

捨てる、奪われる、なくすことで生まれた無のスペースは、別なことに活用することができるのです。

自分を動かす工夫

19

何かを捨てよう。

他人に理解されないことに、生きる誘惑がある。

趣味や仕事を人に聞かれた時に、「エッ、なんでそんなことやってんの」と言われることがあります。

まわりの人に理解してもらえないことに、誘惑があるのです。

「あれって面白いよね。最近、流行ってますよね」と言われると、何か流行りものを追いかけているような人になります。

流行りものを追いかけていると、生きる誘惑は湧いてきません。

生きる誘惑は、「いい歳をして、そんなことやってて大丈夫？」「まっとうな大人がそんなマニアなことをしていて大丈夫？」と言われるところにあります。

まわりが理解できなければできないほど、情熱が湧いてくるのです。

「今、流行ってますよね」

「あれって健康にいいんですよね」

「TVでやってましたね」

と言われた瞬間に、つまらなくなるのです。

カルト教団は、バッシングを受けると絆が深まります。

「わかり合えるのは我々だけだ」となって、かえって絆《きずな》が深くなる方向へ行くのです。

カルト教団は、放っておくと自然消滅します。

カルト教団に入る人たちも気の毒です。

ほかに生きる誘惑がなかったから、仕方なくそちらへ行ってしまったのです。

いい学校に入った子がカルト教団に入るのは、いい学校に入った時点で次の誘惑がなかったからです。

マンガ『俺の空』の主人公・安田一平は、別に、東大に行きたいとは思っていませんでした。

当然、カルト教団にも入りません。

お母さんが東大を受けろと言ったから、仕方がなく行ったという世界です。
鉛筆も持っていかないで、人に借りて書いているのです。

東大生には、

① 東大に入りたくて入った人
② 家に近かったから入った人

の2通りがいます。

「家から近くて、私立に行くお金もなくて、ここしかなかったから」というのは、イヤ味な言い方ですが、それが本当の東大生です。

東大に入りたくて死ぬほど勉強した人は、その時点で伸び切ってしまっています。
本当の東大生は、潜在力を持った人間です。
入ってから伸びる余力を残しているのです。

自分を動かす工夫

20 理解されないことをしよう。

他人の信じるものより、自分の信じるものが、生きる誘惑になる。

生きる誘惑は、「信じるものを、信じる」ことです。

これは、同じ言葉がかぶっている不思議な表現です。

実際は、ほとんどの人が信じるものを信じられません。

友達とランチを食べに行くと、ハンバーグ定食と生姜《しょうが》焼き定食がありました。

「私は生姜焼きかな」と言った人が、「エッ」とみんなに言われた瞬間に「あれ？」と思いました。

その人は生姜焼きがおいしそうだと思ったから選んだのに、友達に「エッ、あなた、まわり見なさいよ。みんなハンバーグを頼んでいるじゃない。バカね」と言われて、「じゃあ、ハンバーグ」と訂正しました。これは、自分の信じた生姜焼きを信じきれないで、まわりが信じるハンバーグを選んだということです。

もうすでに食べている人たちは、マーケティング的なビッグデータです。

そこで「データを見ろ」と、唆《そそのか》す人がいます。

その人たちは、自分の信じるものを最初から持っていません。

一番つらいのは、自分が信じた生姜焼を捨てたことです。

「信じる」には、実は2段階あります。

第1段階の「信じる」は、誰でもできます。

「私は自分が信じた道を行く」と言うのは、まだ第1段階です。

みんなと違った時に、それでも自分の信じる方を選ぶのが第2段階です。

生姜焼がおいしくなくても、本望と思い、自分の信じた方ではずすことが大切です。

自分を動かす工夫

21 他人の信じるものより、自分の信じるものを信じよう。

正解より、人と違うことが、生きる誘惑になる。

学校では、正解を求める勉強をします。

社会に出ると、正解はありません。

あるのは無限の△だけです。

社会はどれでも△なので、自分で好きな△を選べるのが小学校と違うところです。

「こんな△もあるよ。僕の△の方が面白くない？」という△を、どう出していけるかです。
○を探していくと、自然界には○がないので、結果は苦しくなります。
×もないのが自然界です。

全部が△で、そこには面白い△と面白くない△があるだけです。

△の中から面白い△を見つけ出すのです。
「自分はこれが面白い」と思ったものに、他者が賛同しなくても、気にすることはありません。

他者の△を「おまえの△はおかしい」と言う必要もまったくありません。

人から「おまえの△はおかしい」と言われる義理もありません。

何か面白い△を見つけたら、「その△は面白いね」と思えばいいだけのことです。

本を読む時は、○と×を探さないことです。

本には△しか書かれていません。

その著者が考えている△です。

この本の中で、ひたすら生きる誘惑という△を説いているわけです。

「これが正解」とは言っていません。

「それも、そそりますね」ぐらいの感じでいいのです。

そそらない人は、「それはおかしいんじゃないか！」というお手紙はいりません。

ただし、このお手紙を出してくる人は高ぶった人です。

現代アートに、ハンマーで殴りかかる人がいます。
それだけ興奮したのです。
現代アートの作家は、ハンマーで破られた写真を撮ります。
ハンマーも込みで作品です。
ハンマーで殴りかかった人は、知らないうちに自分も作品の一部になっているのです。
出版社に「いかがなものか！」と、長文の手紙を書いてくる人もいます。
そういう人は高ぶって、凄く興奮しています。
激怒している人は、燃えている人です。
怒りは、その人の心が動いている状態なのです。

自分を動かす工夫

22
「こんなこともできる」をしよう。

ほめられるより、「やりすぎ」と叱られることに、生きる誘惑がある。

「ほめられたい」「感謝されたい」というのは、誰もが思うことです。
ほめられることは、たしかにモチベーションが上がります。
ただし、そのモチベーションは長続きしません。
ほめられなかった時に「なんでほめられないんだ」と思うからです。
「ほめられることとは何か」と探し始めると、自分がしたいこととは違ってきます。
現実は、したいことでは、なかなかほめられないのです。
その時に、「ほめられるなら、したくないことをする」という人がいます。

それでは、「したくないことをしたのに、ほめられない」となってしまった時に困るのです。

学校ではほめられても、社会に出るとほめられることはほとんどありません。

できて当たり前の世界で、自分のミスではないことで叱られることの方が圧倒的に多いのです。

生きる誘惑は、「やりすぎ」と、叱られることです。

私の中でのコンチキショーは、「やりすぎ」と言わせることで取り返してやろうという気持ちになるのです。

実際にやりすぎを目指すと、途中からその目標を忘れます。

やりすぎている時は、

「『やりすぎ』と言われなくてもいいな」

と突き抜けていくのです。

やりすぎているところに快感が生まれます。

生きる誘惑は、麻薬以外のドーパミン（脳内麻薬）を出すことです。

独自の世界をつくっている人は、脳内麻薬を麻薬以外で生み出しています。

大島渚《なぎさ》監督に「監督、脳内麻薬、出てますね」と言うと、「嬉しいね」と言っておられました。

麻薬に走ってしまう人は、麻薬に勝つような、生きる誘惑がなかったのです。

お酒を飲める人は、麻薬にいきません。

お酒にいってしまうのです。

麻薬に走る人は、意外と飲めない人が多いのです。

一方で、クリエーターや、破天荒《はてんこう》なことをしている人は、お酒を飲めない人が多いです。

「あの人は絶対ベロベロに酔うタイプだろう」と思う人が、飲めないのです。

画家の藤田嗣治《つぐはる》もその1人です。

あんなにはしゃいだり踊っている映像が残っていますが、お酒はまったく飲んでいません。

俳優の竹中直人さんも、歌手の宇崎竜童《うざきりゅうどう》さんも、お酒が強くないそうです。

それでも、別の生きる誘惑を見つけられたからよかったのです。
私は、「お酒に弱いということは特技ですね」と言われたことがあります。
強いことではなく、弱いことが特技になるのです。

自分を動かす工夫

23 「やりすぎ」と叱られよう。

時間がゆがむ体験に、生きる誘惑がある。

生きる誘惑は、時間軸がゆがみます。

時間の感覚がなくなるのです。

電車の中で本を読んでいて、おりる駅を通り過ぎてしまうのと同じです。

本を読んでいる時は時間軸が消えます。

私が宿題で漢字を書いているとノートの最後までいってしまうのは、ノートがなくなるまで気づかないからです。

夜明けで空が明るくなっていてもまったく気づきません。

狭い部屋にいて「今は昼なのか夜なのかわからない」という状態は、時間軸がゆがむということです。

これは、私が子どもの時に経験したアニメの『巨人の星』と同じです。

『巨人の星』は1球投げるのに30分かかります。

現実の野球の試合ならボークです。

1球投げるだけで、星飛雄馬《ほしひゆうま》や星一徹《いってつ》・明子《あきこ》・花形《はながた》・左門《さもん》・伴宙太《ばんちゅうた》たちの回想が入ります。

星飛雄馬の足が上がっているのに、そこから回想シーンが始まります。

昭和は、そのアニメのスピードについていけたのです。

アニメの始まりから25分が過ぎたころ、緊張のBGMが鳴り始めると、「今日はムリだ。来週だな」と子ども心にわかって、次週の放送が楽しみでした。

今、続きもののTVは視聴率がとれなくなっています。

次週まで待てないのです。

1話完結型のドラマが主流になっています。

『あしたのジョー』は、クロスカウンターを打つまでの間がスローモーションというだけではありません。

次週を楽しめて、時間が延びたり縮んだりするのが生きる誘惑です。
時間を縮ませることばかりしていると、燃えません。
燃えるというのは、今の時間をどれだけ延ばしていくかです。

そうすれば、1球に30分かかるアニメを味わえます。
『巨人の星』は、ボールだけでなく、時間軸のゆがみを表現しています。
続きものは、ワクワクしながら楽しむことが大切なのです。

自分を動かす工夫

24 続きものを、楽しもう。

ちゃぶ台をひっくり返すことに、生きる誘惑がある。

ちゃぶ台をひっくり返すのは、星一徹のお家芸です。

一徹の目は、ちゃぶ台を返す時に、輝きます。

ちゃぶ台返しは、「固定観念のひっくり返し」という、原作者・梶原一騎《かじわらいっき》さんの教えです。

生きる誘惑は、固定観念をひっくり返すことです。

教育とは、その人が今まで正しい思っていたことをひっくり返して、新しい正しいものを教えることです。

時代の転換期は、今までのちゃぶ台がひっくり返って、新しい正しいが生まれるのです。

世界の美術史で言うと、浮世絵を見た人が「歴史画や偉人の肖像画ではなく、庶民を描いていいんじゃないの?」と、印象派が出てきたのは、ちゃぶ台のひっくり返しです。

その後、ゴッホが「内なる情熱を描いていいんじゃないの」と、またちゃぶ台がボーンとひっくり返されます。

芸術の歴史は、ちゃぶ台のひっくり返し合いをしているのです。

教育は、前の価値観の上に載せていくことではなく、ちゃぶ台をひっくり返していくことです。

私は本を1冊読んで、今まで思っていた正しいがひっくり返されるのが好きです。

真逆の新しい正しいを見出した時に、生きる誘惑を感じます。

「誘惑はされちゃいけないと思っていたけど、いいものだ」と気づく必要があります。

岡本太郎さんの生き方は、「そんなことはどうだっていい」という、ひと言につきます。

「そんなこと」が指しているのは、「これまでの既成概念」です。

自分を動かす工夫
25 ちゃぶ台を、ひっくり返そう。

「どうだっていい」と、太郎の手が上に行くのは、ちゃぶ台をひっくり返している状態の手です。

岩手県矢巾町《やはば》には、「ちゃぶ台ひっくり返し大会」があります。

いいセリフといい飛び上がり方をすると、パフォーマンス点が加算されます。

それによって、ちゃぶ台ひっくり返し大会は大いに盛り上がるのです。

下を見るより、上を見る方が、生きる誘惑になる。

たとえば、一流レストランに行き、「下品なお客様がいるんですよ」と文句を言う人がいます。

それは下を見ているのです。

どこに行っても、下品なお客様はいます。

人は、2つのものを同時には見られません。

下品なお客様を見ている時点で、上品なお客様を見ていないということです。

下品が目につくと、燃えません。

生きる誘惑は、「うわ、この人はカッコいいな」という人を見ていくことです。

下の方を見ている人は、「世の中、品のない人ばかりだ」と、生きる意欲がどんどん減退していきます。

「この人ののれんのくぐり方はカッコいいな」

「この人の『ごちそうさま』の言い方はカッコいいな」

「この人の椅子《いす》の戻し方はカッコいいな」

「この人のたたずまい、注文の仕方はカッコいいな」

と、上の人を見ることが大切なのです。

自分を動かす工夫

26 下より、上を見よう。

写真より、思い出が生きる誘惑になる。

スマホでもカメラレベルの高解像度の写真を撮れます。

旅行先や美術館でも、写真を撮っている人がたくさんいます。

自分で撮った写真は、プロがきれいに撮った絵はがきには勝てません。

そもそも写真は、実際に自分の目で見た絵には勝てません。

生きる誘惑は、思い出なのです。

「そこでこんな人に会った」「こんな短いやりとりをした」「こんなことがあった」という思い出が一番の誘惑になります。

私は北海道の露天風呂で、香港《ホンコン》から来た人にさんざん話しかけられたことが印象深く残っています。

私も香港から来ていると思われて「香港のどこから来たの?」という質問に答えたものだから、ずっとその人に話しかけてられていたのです。

心に残る思い出は、「えーーーっ?」という、そういう「ヘンな体験」です。

旅先で会ったヘンな人の方が印象に残るのです。

国宝の仏像よりも、その仏像を説明してくれたおじいちゃんの方が印象に残ることがあります。

これはその人の中にしかない体験です。

それを又聞きした人は、「仏像よりもそのご住職に会いたいな」と考えます。

そこには必ずエピソードがあるのです。

これを「縁起《えんぎ》」と言います。

思い出は、縁起絵巻です。

京都のあるお寺のご住職が、ご本尊《ほんぞん》を拝む場所に、きれいなお座布団を置いていました。

私が「さすが、これはいい仏具なんでしょうね」と言うと「これはなじみの舞妓《まいこ》ちゃんに着物の古着をもらってつくったんです」と言われました。

「ご住職なかなかやりますな。それをご本尊の前の座布団《ざぶとん》にしているんですか、さすが京都、白足袋《しろたび》つながりで奥が深い」というエピソードの方が忘れられない思い出になるのです。

自分を動かす工夫

27 写真を撮るより、思い出をつくろう。

第4章

「誘惑」は、人と人をつなぐ。

つながりを探すのではなく、つながりに気づくことが、生きる誘惑になる。

好きな人と何とかつながろうと頑張る人は、しんどくなります。
本来は、逆です。
「つなげる」のではありません。
すべてのことは、もともとお互いに「つながっている」のです。
自分から切らなければ、そのつながりは切れません。
先生から生徒を切ることはないのです。
「僕はつながっているんですか」と聞く人がいます。

「僕はつながりを感じているのに、君はつながりを感じてくれていないかな」とアドバイスします。

これは仏教の考え方です。

世の中の人は全て、お釈迦《しゃか》様とネットのようにつながっています。

密教では、宇宙のホストコンピュータが大日如来《だいにちにょらい》で、地球支社長がお釈迦様です。

最初から全部つながっているので、今からつなげる必要はありません。

つながっていることに気づくだけで大丈夫です。

なんとかつなげようと考える人は、相手から「つながっているものを、こっちから釣りのリールで引っ張っているのに、なんで抵抗しているの」と思われます。

誘惑は、リールに引っ張られていくことです。

これが前進するということです。

自分の力で行く必要はまったくありません。

ただ素直に「なんか引っ張られているな」と入っていけばいいのです。

これが生きる誘惑です。

食べすぎの人は、冷蔵庫に引っ張られているのです。

「冷蔵庫が呼ぶのよ」と言います。

この呼ばれる感覚が大切なのです。

「仕事が私を呼ぶ」「勉強が自分を呼んでいるんだ」と言う人は、自然にしてしまうのです。

古武道の甲野善紀《こうのよしのり》先生に、お弟子さんが「前の相手にぶつかっていくにはどうしたらいいですか」「相手を押し倒すにはどうしたらいいですか」と質問しました。

甲野先生は「今、自分が飛行機に乗っていると考えてください。相手の後ろにある飛行機の扉がいきなりあいて、風圧で相手が吸い込まれていくつもりでいってください」とアドバイスしました。

「高校時代、空手部でした」と話すと、「空手は寸どめなんですよね」と聞かれます。

「相手に当てないでとまること」が「寸どめ」という解釈は間違いです。

「貫通しないこと」を「寸どめ」と言います。

相手に突きを入れる時は、相手の土手っ腹を貫通し、手が背中から突き抜けるつもりでいかないと効きません。

手が向こう側から引かれる感じです。

世の中のすべてのことは、すでにつながりがあります。

「なんだ、つながってるんだ」と気づけば、それだけでいいのです。

自分を動かす工夫

28 つながりを探すより、気づこう。

楽しい雰囲気に、人が集まる。

私は、高校生の時にいくつも部を立ち上げました。

短歌部・空手部・映画研究会をつくりました。

先輩がいるのがイヤだったので、野球部はやめて、つぶれている部を探したのです。

空手部がつぶれているのを見つけました。

「よかった、これで先輩がいない」と思い、すぐに顧問の先生を探して、1年生から空手部を始めました。

最初は先生に教わっていましたが、2年生になると、凄くできる1年生が入ってきました。

それからは、その1年生にずっと教わりました。

私が空手部に勧誘したのは友達の1人だけです。

未経験者の友達に、

「空手やろうよ。空手、カッコいいぞ」

「空手って、痛くない？」

「空手は寸どめなんだよ。当てちゃいけないんだよ」

と、私は経験者だったので少しウソをついて誘いました。

本当は、貫通させなければ当てても寸止めでした。

友達は、後からそのことを知ると、「中谷が寸どめだと言っていたのに、痛いじゃないか」と怒っていました。

そのほかの部員は、勝手に集まってきました。

入部希望者に、「経験は？」と聞くと、「ない」と言われました。

見た目に、経験のない部員が空手部で活動しているとわかって、みんな興味を持ったのです。

それで部員がどんどん増えました。

その後も、剣道部で、目が悪いからヘンなところを突くということでクビになった男が「入れてくれ」と来ました。

私はその男にヒジを入れられたせいで、歯が曲がってしまいました。

それでも「見えないからゴメン」と謝られて終わりです。

3年生になると受験もあり、自分でつくった部だから「もう部員を募集するのはやめよう」と言いました。

それなのに、勝手に入ってきた部員が、クラブ活動説明会でまたもや勝手に「来たれ空手部！　楽しいぞ」と、新入生を勧誘してしまいました。

15人も来てしまいました。

「部長に、なんで事後報告なの。今さら15人断れないよ。どうするの」と言いましたが、結局15人全員が入ってきました。

生きる誘惑は、勧誘ではありません。

まわりから見ると、空手部は和気あいあいとして楽しそうに見えたのです。

実際、「どっちの空手着の方がいい音が鳴る?」「やっぱりミズノは一番いい音が鳴るよね」という本筋ではない会話で活動していました。
そういう部員たちの楽しそうな雰囲気が、「この部活だったらいけそう」という誘惑につながったのです。

自分を動かす工夫

29 誘わず、楽しもう。

「おいしい」より、「楽しい」が生きる誘惑になる。

おいしいものは、「楽しい」から生まれます。

焼き芋を味わっている以上に、焼き芋にまつわる楽しい思い出を味わっているのです。

すき焼きがおいしいのは、家族で祝いごとをする日の食べ物がすき焼きだったからです。

すき焼きの食べ放題としゃぶしゃぶの食べ放題の値段が同じになっていました。

この時点で私的には納得できません。

すき焼きの方が高いと思うからです。

しかも、同じ値段で、すき焼きもしゃぶしゃぶも食べ放題なのに、9割の若者たちがしゃぶしゃぶを頼んでいます。

平成の家庭では、お祝いの日にすき焼きを食べる習慣がなくなっているからです。

私は、「同じ料金なら、すき焼きを頼まないと」という考え方です。

昭和は、すき焼きのお肉を買う時は、お肉屋さんが「何かいいことがあったんですね、オマケしておきます」と、わざと少し多めにしてくれました。

そうすると、「今日はどこどこの家で祝いごとがあるらしい」という話が近所の人たちの間で話題になります。

回覧板をまわす時も、「すき焼きの匂いがするけど、何かいいことあったの？」と言われます。

何もない日に、すき焼きを食べる習慣がなかったからです。

だからこそ、すき焼きにいい思い出があるのです。

私は受験の時に、合格祝いのすき焼きを想定して受験勉強を頑張りました。

それは、「おいしい」ではなく、「楽しい」を目指したのです。

「楽しい」を目指すことは、生きる誘惑です。

おいしい料理をイヤな人と食べるのは最低なことです。
一緒に食べていて楽しい人になればいいのです。
「おいしい」は、1人で食べられます。
「楽しい」は、誰と食べるかが大切になるのです。

自分を動かす工夫

30 「おいしい」より「楽しい」を目指そう。

「何をするか」より、「誰とするか」が誘惑になる。

会社の中には、「花形職場」と「地味な職場」があります。

CMをつくる現場で言うと、CMプランナーはTVCMとラジオCMをつくります。

ほとんどの人が、ラジオCMをつくりたがりません。

みんなの知っているTVCMの方が、合コンに行った時、「あの化粧品のCMは僕がつくったんだ」「あのタレントは僕が使っている」と自慢できるからです。

私はラジオCMが好きでした。

中学生の時からラジオ番組のはがき職人をしていたり、デビューも中2のラジオで、ラジオドラマも好きで聞いていました。

私は、何よりも自分の作品をつくりたかったのです。

ラジオCMは自分で作品がつくれるのです。

TVCMは100人ぐらいが集まってつくります。

ラジオは自分とミキサーさんの2人で、個人の作家性が強い職場なのです。

花形職場のTVCMは、みんなが集まるので、会議1つでも大きくなります。

大きいオーケストラと同じで、自分の鳴らしている楽器の音が聞こえません。

ラジオCMは、全部の楽器を自分で担当します。

記憶に残っているのは、ラジオのCMづくりの思い出が多いです。

キャスティングも全部自分でします。

デモテープの声と実際に来る人とでは印象がまったく違うので、デモテープはあまり頼りにしませんでした。

10本つくる時は10人に来てもらいます。

顔で10人選ぶと、ミキサーさんにすぐバレます。

「中谷君、また顔で選んだね。美人は、顔に頼っているから読みがイマイチだよ」と怒られても、「大丈夫です。僕がなんとかしますから」と変更はしません。

たとえ読みがイマイチでも、味で見せる演出を鍛えられました。

10本持っている原稿で、1人ずつの声を順番に聞きながら、セリフによって「これ、ちょっと原稿読んでみて」と読み手を選んで合わせていきます。

うまく読もうと、ヘンな感情を込めたりする人もいます。

そういう時は、「ためを入れないで」とは言いません。

ミキサーさんに「1分間の原稿がおさまっていない。ちょっと削れませんか」と言われると、私は「わかりました。ちょっと書き直します」と、セリフを足しました。

その加えたセリフを入れようとすることで、ヘンなためがなくなるのです。

そういう演出を覚えていくわけです。

一緒に頑張れる人とすることです。

自分を動かす工夫

31 誰とするかを、先に決めよう。

リスペクトができる人は、思いやりも持てる。

リスペクトを持つことは、生きる誘惑です。

生きる誘惑は、「富と権力」にはありません。

「富と権力」の反対は、「美と敬意」です。

「私はリスペクトは持っているんですけど、下品な人は頭にくる」と言う人は、思いやりが足りません。

上の人間にはリスペクトしても、下の人間には「なんであんな人が世の中にいるんだろう」と文句を言う人がいます。

それは、本当のリスペクトではありません。

上に対してリスペクトがある人は、同時に下に対しても思いやりが持てて、その逆もできます。

上に対して思いやりを持ち、下に対してもリスペクトできるのです。

これが本当にリスペクトのある人です。

常に、思いやりの前にリスペクトを先行することです。

「あの人は偉いよね」と思えることが、リスペクトであり思いやりです。

一見リスペクトと思いやりは真逆な方向に見えても、1つの方向なのです。

自分を動かす工夫

32

みんなに、リスペクトを持とう。

みんなのためより、大切な1人のための方が、生きる誘惑になる。

募金を募る時、「発展途上国の子どもたちのため」というのでは、なかなか集まりません。

募金が集まるのは、「この子のために」と、たった1人の子の写真を出した時です。

「みんなのために」では、モチベーションとしては燃える力が弱くなります。

私の本は、誰か1人のために書いています。

「その1人の読者が、本屋さんでパッと見つけて読んでくれたら、こっそり出しているラブレターのようでいいな。もしかしたら、ほかの人も読んじゃっているかな」という感覚です。

「それって自分のことかな」と思ってくれれば、それでいいのです。

みんなのためには書いていていません。

本の最初に書いている「3人のために」は、本当は「1人のために」です。

3つの悩みは、どれも1人の抱えている悩みです。

「この人のために」と考えると、「もう死んじゃおうかな」と思い詰めた時も、その人のために思いとどまったり、ダラッとしたい気分の時もダラッとしないでいられるのです。

自分を動かす工夫

33

大切な1人のためにしよう。

信じることができるのは、想像力だ。

人間には、信じることのできる人とできない人とがいます。

信じる対象は、先生とか神様とか、いろいろです。

「信じる」というと、なんとなく宗教的なものを感じます。

「想像力」は、芸術の世界で使う言葉です。

別の言葉のように感じますが、**「信じる」とは「想像力」のことなのです。**

たとえば、原始時代の人間はマンモスをとって暮らしていました。

2人のお父さんがいて、1人はマンモスがとれて、もう1人はマンモスがとれませんでした。

とれなかった人は、とれた人に「うちには家族が5人いる。今度オレがとれた時に返すから、今日はおまえのマンモスを貸してくれないか」と頼みました。

「あなたが返すかどうか信用できないからイヤだ」と言って断るのは、相手が返してくれるところを想像できていません。

これが「信じない」ということです。

「この人はいいヤツだから、返してくれそうだな」というのは、想像力です。

人を信じることができない人は、想像力のない人です。

「こいつはマンモスをとるのが超ヘタだけど、一生懸命だから、そのうちうまくなるだろう」と思うのは、想像力です。

「この生徒は、今はダメダメだけど、コツコツ頑張っているから、いつかはできるようになるに違いない」というのも、想像力です。

これが先生が生徒を信じるということです。

「どんなにどんくさいことをしても、先生は自分を見捨てない」というのは、先生が見捨てないことを想像できているのです。

「かわいそうだな」と思う気持ちも想像力です。

原始時代の標準世帯は5人家族です。

「5人も家族がいてマンモスがとれなかったのはかわいそうだな」と想像できる人は、マンモスを分けてくれます。

「本当は独り者で、1人で5人分食べようとしているんじゃないか。どうせわからないと思って、口から出まかせを言っているだけじゃないか」と考えるのは、想像できていないのです。

原始時代は定住生活ではありません。

この先一生会わない可能性もあります。

「自分がとれなかった時に、たまたま前にマンモスを分けてあげたヤツに出会って、マンモスを返してもらえる」というのは想像力です。

たとえば、画商が画家志望の人に最低の作品を持ち込まれます。

ここでどう対応するかです。

そのへたうまさ加減が時代にヒットして、バカ売れして、こちらから作品をお願いに行くこともありえます。

そう考えると、今ここで冷たい言い方をしないで一応つないでおく、これが想像力なのです。

自分を動かす工夫

34 「いつかできるようになる」と、信じよう。

想像力の強い人が、生きる誘惑に出会える。

男性が女性にごちそうしている間は、想像力が働いています。

「ごちそうしたのだから、この女性はホテルに一緒に行ってくれるだろう」というのは、短期の想像力です。

「今日は帰るね」と言われた瞬間に「なんだ、この食い逃げ女」と思うのは、想像力が少ししかない人です。

想像力豊かな人は、「ごちそうして、その後ホテルに誘ったら、このコは『朝まで一緒にいたい』と言うんだ。でも、いざホテルの部屋の前まで来ると、『やっぱり今日は帰ろうかな』と言うんだよね。まだ電車があるから、駅まで送っていく道々、『今度は○○に行こう』と話しているうちに、『やっぱり泊まろうかな』となるんだ」というところまで考えています。

この長期の想像力があるかどうかです。

想像力は、単純に因果（原因と結果）だけに終わりません。

ＯＫしたり断ったり、ＯＫしたり断ったりを繰り返して、らせん状に動いていきます。

これが因縁です。

長期の想像力のある人は、長期の因縁を考えることができます。

想像力を働かせることで、生きる誘惑になるのです。

自分を動かす工夫

35 長期の想像力を働かせよう。

わけのわからない異界に、生きる誘惑がある。

多様性に弱い優等生は、理解できないものに対してイラつきます。

自分が理解できないものに対して、「これはマニア垂涎《すいぜん》ものでしょうね」と、受け入れることが多様性です。

理解できるものより理解できないものの方が、生きる誘惑は強いのです。

ドラマ『TAROの塔』で、敏子さんが岡本太郎のところへ初めて行った時に、岡本太郎は「芸術とは裸になることだから、脱ぎなさい」と言いました。

今の言葉で言うと、「セクハラ」です。

一緒に行った友達は逃げてしまって、敏子さんだけが残りました。

岡本太郎に「なんで残った？」と聞かれて、敏子さんは「私は先生が怖いです」と答えました。

怖いということは、興味があるということです。

興味のないことは怖いと感じません。

稲川《いながわ》淳《じゅん》二《じ》さんの怪談が怖いのは、聞きたくてしようがないからです。

稲川淳二さんは、日常会話の途中から怪談に入っています。

「どうもどうも。中谷さん、お久しぶりです。今もそこでちょっと妙なことがありまして……」と言いながら、日常会話の「。」を打つ前から、怪談に連れて行かれるのです。

「わけのわからないもの」に接することで、生きる誘惑がわいてきます。

生きる誘惑のないものはスルーするので、そもそも覚えていません。

「今日、ヘンな人がいたんだよ」と言うのは、興味を持っています。

スクランブル交差点ですれ違っている人は興味がないので、ひとつも覚えていないのです。

わけがわかることは、「大体わかりました」で、気持ちが早く冷めてしまいます。

わけがわからないものに出会うことは、結局、わけがわからない人に出会うことです。

「稲川淳二さんってなんなんだ」とか「岡本太郎ってなんなんだ」と思うのは、2人とも異界の人で、わけがわからないからです。

わかりやすくすると、消費されてしまいます。

それがＴＶのつらい宿命です。

ＴＶの求心力が弱くなった原因は、ＴＶのわかりやすさです。

衛星放送は、地上波と比べると、わけのわからない番組がけっこう多いです。

『世界ダーツ選手権』という番組は、解説がありません。

解説者も「うーん」とうなるだけです。

その番組を見るのは、ダーツにハマっているヘビーユーザーしかいません。

解説者が「うーん」とか「あー」とか言っただけでわかってしまいます。

解説はいっさいいらないのです。

地上波のＴＶは解説を入れることを求められます。

わかりやすいことが、逆に弱さになるのです。
わかりにくいと、「わかりたい」という気持ちが湧いてきます。
ドアを全部あけるより、少ししかあけない方が誘惑されます。
丸出しよりも、チョロ見せの方が誘惑されるのです。
ＴＶは全見せです。
さらにアップも見せてくれます。
ボクシングの試合をナマで見る時は、リプレーはありません。
ＴＶは、リプレーとかスローモーションで見せてくれます。
わかりやすいものは飽きられやすいのです。
わかりにくいモノ、わかりにくい人に出会うことが大切です。
そういうことに出会わせることが、先生の役割なのです。

自分を動かす工夫

36

異界の人に出会おう。

頼まれたプレゼントをするより、頼まれていないプレゼントのほうが、生きる誘惑になる。

プレゼントで欲しいものを聞いて、それを買って行ったとします。

このプレゼントは、買った側が期待したほどには喜ばれません。

生きる誘惑にならないからです。

オーダーしたモノを買ってもらっても、あまり感動がないのです。

何も言っていないのに欲しかったモノをプレゼントされたら、うれしいです。

何も言っていないどころか、見た時に初めて、「こんなのがあるんだ。そうそう、これが欲しかった」ということになるのです。

これは無意識の願望にヒットしたのです。

オーダーは意識の願望です。

意識の願望にいくらこたえても、生きる誘惑はありません。

無意識の願望にこたえた時に、初めて「ウワー、なんでわかったの」と、感動するのです。

私は1000冊以上かけて、生きる誘惑になる言葉をつくっています。

「オレがいつも言っていることを、おまえは書いてくれている」というのが、私の本を読んだ父親の感想です。

厳密には、父親はそんなことは言っていません。

思っていて、のどのところまで来ているのに、言葉になっていないのです。

それを言葉にするのが私の仕事です。

読んだ人が一番感動するのは、本に書かれたことが自分の意見と同じだった時です。

自分の意見は言葉になっていません。

思っていたことが言葉になることに快感があるのです。

これが生きる誘惑です。

思っていないことは、言葉にしてもすれ違います。

「私が常々《つねづね》思っていたことを言葉にしてもらえた」というのが、本を読んだ時の一番正しい感想です。

言葉になった時に、その思いは確信となって、より明確な生きる指針となります。

無意識の願望は言葉になりません。

アンケートは意識しか書けないので、意味がないのです。

人とつきあう時は、「この人は本当はこうして欲しいのではないか」と考えて、相手の無意識の願望にこたえることが大切なのです。

自分を動かす工夫

37 意識より、無意識の願望にこたえよう。

生きる誘惑をしてくれるのが、すぐれた師匠だ。

いい先生に出会うことは大切です。

いい先生は、人生を楽しんでいる人です。

先生を見ると、「こんなふうに人生を楽しむためには、どうしたらいいのか」と思います。

これが教わるということです。

「勉強しろ」と言うだけが先生ではありません。

「勉強しなければ人生つらいぞ」とか「格差社会で生きていけないぞ」とか、そんなことはいっさい言う必要はありません。

その人が楽しそうにしていたら、みんなはその人から何かを学ぼうとするのです。

中谷塾で、ダンスを習い始めた塾生がいます。

今度、パーティーがあるという塾生に、女性をフロアまでエスコートする練習をさせました。

ぎこちなく練習しているのを見て、ダンスをしていない男性の塾生が、「やっぱりダンスは難しいんですね」と言いました。

そこで、私がお手本を示してみました。

エスコートする通路で、女性をクルッとまわしました。

その時点で女性の目がハートマークになっています。

それを見て「難しそうだな」と言っていた塾生が、いきなり「やります」と言い出しました。

「だって、あれができたら、『なんでもあり』じゃないですか。そんなことができるんですか」と、モチベーションがわいたのです。

これが「あの人は楽しそうだな」ということです。

マンガ『エースをねらえ!』で、岡ひろみが都立西高に入った時は、テニスをしたいとは思っていませんでした。

そもそもテニスに興味があったわけではなかったのです。

お蝶《ちょう》夫人を見て、「凄い人がいる」と憧れて、「テニスをすれば、ああなれるんだ」と思って、テニスを始めたのです。

人に憧れるモチベーションは大きいです。

テニスに憧れていると、実際に始めると思ったより難しいし、最初は球拾いしかさせてもらえません。

「これは違うな」と思って、やめてしまいます。

何かを始める時に、そのことに憧れるのではなく、そのことを楽しそうにしている人に憧れる方が続くのです。

私の大学時代の恩師は西江《にしえ》雅之《まさゆき》先生です。

西江先生は博覧強記《はくらんきょうき》です。

「この人の頭の中はいったい、どうなっているんだろう。自分もこんなふうになりたい」と思ったことが、私が勉強するモチベーションになりました。

人は、楽しそうな人に憧れます。
楽しそうにしている人が師匠なのです。

自分を動かす工夫

38

生きる誘惑をしてくれる師匠に出会おう。

第5章

「誘惑」を、仕事に生かす。

「これは、こんなもの」を超えることに、生きる誘惑がある。

すべての仕事に「合格ライン」があります。

合格ラインを越えようとするだけでは、仕事は楽しくありません。

上司のチェックは厳しいし、お客様のないものねだりも厳しいのです。

しんどくなるのは、お客様や上司の合格ラインを自分の合格ラインにしているからです。

少しぐらい手を抜いても、合格はします。

それでは仕事が面白くないのです。

自分の合格ラインをそれよりもっと高くするところに、生きる誘惑があります。

安藤忠雄《あんどうただお》さんは、**「『ようやるなあ』という部分がないと、建築はダメ」**と言っています。

新国立競技場は、ザハ・ハディッドさんの最初の案は予算がかかり過ぎたために、中止になりました。

ハティッドさんの事務所では、ボツになった企画のムックが並べてあります。

ボツ慣れしているからです。

コンペに通っても、実現するのは10分の1です。

予算がとにかく膨らんで、「話が違う」ということでボツになるのです。

逆に考えると、毎回予算が膨らんでいるのに、10個に1個は実現しているのです。

太っ腹な施工主さんがいるおかげで、10個に1個の凄いものができ上がります。

これが「ようやるな」ということです。

あふれたところ、こぼれたところが生きる誘惑になるのです。

私は師匠の藤井達朗に「コピーを300書いてこい」と言われた時に、500書いて持っていきました。

師匠に「あほなことしとんな。ヒマなんかい。手ぇ疲れるやろ」と言わせたいだけです。

「コピーがうまい」と言わせたいのではありません。

「そこまでしなくていいのに」ということをするのが、生きる誘惑なのです。

自分を動かす工夫

39 「しなくていい工夫」をしよう。

抽せん式より、工夫式の方が、生きる誘惑度がある。

世の中の仕組みは、「抽せん式」と「工夫式」のたった2つです。
たとえば、受験は工夫式です。
受験は、工夫を競い合っているのです。
勉強は、工夫を覚えることです。
九九も微積分も工夫です。
英語の勉強も、日本人が英米人と話すための工夫を教わっているのです。
たとえば、東大を抽せん式にすることに賛成か反対かで国民投票をするとします。
「地下帝国の人たち」は、抽せん式を選びます。
抽せん式のほうが、今の自分たちの立場では、当たりがある分、得なのです。

勉強が好きな人たちは、たとえ自分に工夫が足りなくて落ちてもいいから、工夫式を選びます。

万が一、東大が抽せん式になったら、もはや東大ではありません。

ただの「本郷3丁目大学」です。

恋愛に関しても、モテない男性は抽せん式を希望します。

女性の立場から言うと、抽せん式を望む男性と工夫式を望む男性のどちらを選ぶかは言うまでもありません。

抽せん式を望んでいる時点で、終わっているのです。

実際には、抽せん式を望む男性は結構多いのです。

抽せん式を選んでいるから女性がまわってこなくて、さらに抽せん式を望むようになります。

それでは成長がないのです。

抽せん式の代表は、ギャンブルです。

ギャンブルは、自分ではなく他者に賭けています。

自分を動かす工夫

40 抽せん式より、工夫式を選ぼう。

馬券を買うのは馬に賭けています。
株を買うのは、その会社に賭けています。
勉強代にお金をかけるのは、自分に賭けているのです。

偶然と考えるより、必然と考えたほうが、生きる誘惑度が上がる。

抽せん式の人は、偶然を望んでいます。

偶然を探しまわれば探しまわるほど、偶然を逃がすのです。

たまたま出会った人がラッキーな出会いかどうかは、わかりません。

工夫式の人は、単なる偶然でも、「この人と出会ったのは必然だ」と考えます。

そして、偶然を必然にするための工夫をするのです。

ある一流の格闘家が、ニューヨークで美人とオシャレなイタリアンレストランに行きました。

その時そこで絡んできたマフィアのチンピラを、格闘家は叩きのめしました。

その瞬間に、連れの女性が「やっぱりこの人は素敵」となる展開です。

ここで「チンピラが出てこなかったらどうするんですか」と質問する人がいます。

チンピラが出てくるかどうかは偶然頼みです。

東大を抽せん式にするのと同じです。

格闘家は、「出てくるかどうかなんて、わかりっこないじゃないか。雇っておくんだよ。ふざけんな。万が一、強いヤツが出てきたらどうするんだ。死んじゃうよ」と言っていました。

さすが、一流の格闘家です。

これが偶然を必然にする努力です。

格闘家はサイン色紙を投げる時に、「誰か欲しい人」ではなく、「運のいいヤツ」と言ってパーッと投げます。

そこでボーっとしているようではダメです。

その色紙がどういうふうにブーメランの円を描いて、どの辺に落下するかを予測して、あらかじめその落下点に行っておくのです。

そこにいるかどうかは偶然ではないのです。

中華の鉄人・脇屋友詞《わきやゆうじ》さんは、「優秀な弟子とは、『この鍋を洗っておけ』と言った時にそこにいるヤツだ」と言っていました。

その弟子は、「鍋を洗っとけ」と言うだろうなと予想して、あらかじめそこに行っておくタイプの人間です。

80人いる弟子の中でも、「やっぱりあいつだ」と思われます。

これが「偶然を必然に変える」ということなのです。

自分を
動かす
工夫

41

偶然を、必然に変えよう。

本番より、準備に生きる誘惑がある。

つい「本番はドキドキする」とか「本番に頑張る」と言います。

楽しいのは、本番より準備です。

「本番で頑張る」と言っている人は、準備は何もしていません。

「まさか急に来るとは思わなかった」と言うのです。

本を書きたがっているのに、企画がなかなか通らない人がいます。

そのわりには、「急に穴があいたので、お願いします」と言うと、「急に言われても困る」と言うのです。

企画が通る時は、急に通ります。

なかなか通らないなら、通らない間に準備をしておけばいいのです。

準備が楽しいのは、こうなったらこうなるだろうな、ああなったらああなるだろうなと、いろいろ想像しているからです。

格闘家も、チンピラに「おまえは、こう来て、こう行くんだぞ」「あまり弱くても、あまり強くてもダメだぞ」とか言いながら、リハーサルしている時間が楽しいのです。

敬遠ボールを打つ練習をしている時の新庄剛志《しんじょうつよし》選手も、とても楽しそうでした。

「今日は何を食べよう」と考えている時が一番楽しいのです。

食べている瞬間は一瞬です。

焼き芋も焼き芋屋を探している時が一番楽しいのです。

準備を楽しむことが、生きる誘惑になるのです。

自分を動かす工夫

42

本番より、準備を楽しもう。

遅れている時は、進んでいる。進んでいる時は、進んでいる。

進んでいる気がしないと、ストレスになります。

これで生きる誘惑がめげてくるのです。

悩まなくても大丈夫です。

「遅れているな」と感じる時は進んでいるからです。

まじめな人は、「ヤバいです。自分は進んでいると感じているから、遅れているんでしょうか」と心配します。

大丈夫です。

「進んでいるな」と感じている時は進んでいます。

どちらも進んでいるのです。

自分を動かす工夫

43 立ちどまらない。

「遅れている」と感じるのは、立ちどまっていないということです。

唯一してはいけないのは、立ちどまることです。

遅れていても進んでいます。

進んでいたら、さらによしと考えればいいのです。

悪いことがあった後には、いいことがあります。

いいことがあった後にも、いいことがあるのです。

反復したものを、好きになる。反復することで、面白さがわかる。

「習いごとが続かない」「仕事が続かない」と言う人は、三日坊主でコロコロ変えます。

三日坊主でやめるから面白さがわからないのです。

生きる誘惑は、反復にあります。

私は、「反復フェチ」です。

反復で、たまらなくドーパミンが出ます。

「漢字を10回ずつ書いてこい」と言われると、ノート1冊書いてしまうのです。

先生をビックリさせたいという気持ちもあります。

書いているうちに、トリップして来ます。

「このへんとつくりは、なんだろう」とわからなくなってしまうのです。

漢字を書いている意識がなくなり、「ひたすらこの模様を埋めていきたい」という気持ちになります。

もはや宿題として書かされているのではなく、ラリった状態になるのが反復です。

「この字は面白いな」「この字はなんてカッコいいんだろう」と書きながら、工夫を始めます。

「めんどくさいから、糸へんだけ先に書いちゃうか」とか「逆から書いたらどうなるかな」と、試しているうちにノートが1冊終わります。

反復することで面白さがわかるのです。

生きる誘惑のない人は、「面白かったら反復します」と言います。

続けられないのはそのためです。

反復しないと、面白さはわかりません。

「よく同じことばかりやりますね。私は、31つのことを何回もできない」と言う人がいます。

私は、ある時、年賀状を筆の直筆で650枚書きました。

650枚書き終わった後、最初から書き直したい気持ちになりました。

だんだん、調子が出てきて、「やっといい字にたどり着いてきたかな」と思うからです。

反復の楽しさは、効率の真逆です。

私はボールルームダンスを花岡浩司先生に19年習っています。

19年間ベーシックを反復しているのは、反復がたまらなく好きだからです。

ボクサーと同じです。

あるチャンピオンボクサーは、「漢字の練習帳をひたすら埋めるのが好き」と言っていました。

同じ漢字を何回も書くのが好きなのです。

パンチの練習は、ひたすら反復です。

蹴りがないから、パンチしかないのです。

私は、高校の空手部では1000本突きの練習をしました。

野球の1000本ノックのようなものです。

１０００本突きをすると、後半はヘトヘトになります。
反復練習をすることによって、途中からハイになり、楽しくなってくるのです。

自分を動かす工夫

44

反復しよう。

クオリティにこだわるより、スピードにこだわることが、生きる誘惑になる。

生きる誘惑は、クオリティからは生まれません。
それよりも、スピードと量から生まれます。

「会社の仕事がしんどい」と言う人がいます。

それでなくても仕事量が多いのに、会社は人件費削減で人員を減らし、「残業してはいけない」と言います。

「細々《こまごま》とした仕事が増えて、もう目いっぱいなのに、さらに上司は仕事を自分に押しつけてくる。遅れたら文句を言われる」と言う人は、クオリティにこだわっているのです。

クオリティは、自分のこだわりです。

スピードは、チームで大切な問題です。

上司はスピードを求めているのです。

上司から「明日までにこのデータを出しておいて」と言われて、「手書きよりもマックできちんとした図をつくった方がいいから」と考えるのは個人のこだわりです。

「今日これから得意先に行くから、ちょっとデータを出しておいて」と言われた時は、手書きでいいのです。

先方と会った時に、すぐに言えるからです。

たとえば、上司が先方に、クレームのお詫《わ》びに行くために「現状はこうなっていますす」というデータが必要になりました。

それを、「明日、きれいな状態でお渡しします」と言うのでは間に合いません。

今ある手書きのデータを渡せばいいのです。

これはクオリティに対しての自分のこだわりです。

クオリティにこだわっていくと、どんどん冷めていきます。

すぐに使えないし、自分も苦しくなります。

手書きでいいからポンポン渡していくというスピード感が必要です。

プロとアマはここで分かれます。

アマは、クオリティは高くても遅いのです。

プロは、速くてクオリティは「そこそこ」です。

「そこそこの質」でいいのです。

「そこそこの質」から上げるところに時間がかかって「まだ渡せません」となるなら、結局それはいらないことになります。

スナックで出すおつまみと同じです。

スナックに入ったお客様は、そこそこのものをすぐさっと出してほしいのです。

「今、シチューを」と言って、煮込み始められても、お腹がすいている時は待てません。

私の実家はスナックなので、ノウハウをよく知っています。

お客様が来たら、とりあえず乾杯できる飲み物を先に出します。

乾杯だけすむと、場が落ちつくのです。

「今こだわりのドリンクをつくっておりまして」では、最初の乾杯がなかなかできません。

乾杯の飲み物に、味はさほど求められないのです。

クオリティにこだわらず、質そこそこのものを速く出すことが大切なのです。

自分を動かす工夫

45

速い・質そこそこを、目指そう。

「売れる商品」をつくるより、「自分の作品」をつくることが、生きる誘惑になる。

仕事をしていると、売れるものをつくる必要があります。

その時、商品をつくるのか作品をつくるかで分かれます。

商品は、どんなに売れても生きる誘惑になりません。

自分の作品は、たとえ売れなくても生きる誘惑になります。

作品をつくると、「この本は売れなかったか。これはわかる人にしかわからない。だから、売れなくて正解だね」と、自負心を持つことができます。

売れた時は、「あ、売れたか。これ、そんなに売れちゃ困るんだけどな」と笑っていればいいのです。

大切なことは、売れなかった時に、「これはクロウトにウケるものなんだよね」と思えることです。

これが自分の作品と呼べるものなのか、商品としてつくっているものかの分かれ目です。

料理も、単においしいものや売れるものではありません。

自分の好きな映画、読んでいる本、好きな音楽がわかるようなものをつくることです。

作品としてつくるものはすべて、作者の人生を反映しているのです。

自分を動かす工夫

46 商品より、自分の作品をつくろう。

振り幅の広いことが、生きる誘惑になる。

自分らしさを求める人が多いです。

自分らしさを追求していくと、狭まっていきます。

それより自分らしくないことをどれだけするかが、生きる誘惑になります。

岡本太郎さんにしても、ピカソにしても、いかに自分らしくない絵を描くかということをひたすら続けました。

2人のように売れた画家になると、「あんなふうな感じの絵を描いてください」と注文が来ます。

2人はそれを断ります。

ピカソは、「ピカソの模写だけはしたくない。自分の模写をするぐらいなら、マチスの模写をする」と言っています。

人の模写はしても、自分の模写は一番最低な行為だと考えていたのです。

儲けたいなら、自分の模写をした方がお客様は来るので商売になります。

こういう「らしいこと」にこだわるのは面白くありません。

現実は、自分のしたいことと売れることがズレているから難しいのです。

売れることをし続けていくと、中には「本当はそんなことはしたくないんだけどな」ということもあります。

これは個人で仕事をしているだけでなく、経営者も同じです。

社員に給料を払っていくためには、出版社なら売れる本をつくる必要があります。

自分のしたいことと売れることが一致していれば問題はありません。

実際は、一致しないのです。

売れることだけをしていくと、消耗していき、炎がどんどん小さくなります。

そうならないためには、売れなくてもいいからしたいことをどこかでしておけばいいのです。

売れないことをするために、売れることをします。

トータルのバランスで考えているのです。

売れることをしておけば、売れないことができます。

1つの方便として売れることをするのです。

「最終的に売れなくてもいいことをするため」という目標を明確に持つことが、生きる誘惑につながるのです。

自分を動かす工夫

47

「らしくないこと」をしよう。

テクニック的アドバイスより、本質的アドバイスに、生きる誘惑がある。

アドバイスをする時、「これはこういう裏技をした方がいい」というテクニック的なアドバイスは誘惑になりません。

アドバイスは、

① テクニック的なアドバイス
② 本質的なアドバイス

の2つに分かれます。

その人に一番火がつくのは、本質的なアドバイスです。

裏技は、その瞬間は燃えても持続性がないのです。

岡本太郎さんに、敏子さんが「先生、展覧会を見てきました」と言うと、「どうだった？」と聞きました。

敏子さんが「凄かったです」と言うと、「そんなことを聞きたいんじゃない。燃えたかどうかだよ。燃えたのか」と、岡本太郎さんは怒りました。

「凄くなること」より、「燃えること」に持続性があるのです。

人生で必要なことは、何か「燃えるもの」に出会っていくことです。

「燃える」という感情は、言葉で説明のしようがありません。

「何か手に入る」ではありません。

ボーッと燃えているわけで、メリットかどうかもわからないのです。

ボクシングの試合を見た後の人は燃えています。

帰りながら、自分が強くなったような気持ちでいます。

サッカーも、凄いブーイングをするのは攻撃側の気持ちになっている人です。

「なんであれをはずすんだよ」と言う人は、自分自身がプレーしている感覚です。

ボクシングの場合は、打たれる側にも感情移入します。
パンチを入れた側と打たれた側と両方に感情移入するのがボクシングの特徴です。
試合を見た帰り道は、自分の顔やまぶたが腫《は》れているような感覚です。
生きる誘惑は、テクニカルなことではないのです。
感情移入するのが「燃える」ということです。

自分を動かす工夫

48 技術より、基本を学ぼう。

自分のための意味より、誰かのための意義の方が、生きる誘惑になる。

部下が上司に「そんなことをして、いったいなんの意味があるんですか」と、口をとんがらせて言うことがあります。

大切なことは意味ではなく、意義です。

意味では燃えません。

「これはこういう意味があるんだよ」と言っても、「なるほどね」で終わりです。

「なぜならば」だけで終わるからです。

意義は、理路整然としていません。

意義は思い込みだから、理由の説明がないのです。

「なんとなく、こうしたい」と思うだけです。

「あの人がこんなことをするのは、こういう意味があるんじゃないか」というのは、すべて邪推《じゃすい》です。

意味はないのです。

人は、

① 意味で生きている人

② 意義で生きている人

の2通りに分かれます。

意義の人は、別の言い方をすれば、イリュージョン、錯覚の中で生きています。

錯覚で生きている人は強いのです。

あるところでは「偉いな」と言われ、あるところでは「わけわからないね」と言われるのが意義です。

意味と意義は、根本的に違います。

自分を動かす工夫

49 自分のための意味より、誰かのための意義を持とう。

意味は、自分のためのものです。

意義は、人のためのものです。

山の中で迷子になった2歳児を発見したボランティアの尾畠春夫《おばたはるお》さんは、意義で行動しています。

尾畠さんは、講演依頼が殺到しても、助けるボランティアの方へ行きます。

ボランティアの7割はダンドリが勝負と言います。

尾畠さんは、常にボランティアのことを考えているのです。

「自分は『富と権力』で生きるんだ」と言う人がいてもいいのです。

そこに人のための意義があればいいのです。

「富と権力」が間違っていて、「美と敬意」が正しいのではありません。

どちらも、誰かのためであることが大切なのです。

「お金の使い方」より、「時間の使い方」に、生きる誘惑がある。

「お金の使い方を教えてください」と聞く人がいます。

「お金は稼ぎ方ではなくて、使い方が勝負なんです」とその人は言うのです。

お金の使い方を教わっても、お金のことを考えているグループの上の方にしか行けません。

人は、

① 時間の使い方を考えている層

② お金の使い方を考えている層

の2つの層に分かれます。

時間の使い方が決まると、自動的にお金の使い方が決まってきます。

「この時間は美術館に行って音声ガイドを借りよう」と決まったら、自動的に美術館と音声ガイドの料金が決まります。

そのために本を読んでおくなら、自動的に本代が決まるのです。

美術館に行く予算を先に決めると、時間の使い方が決まってしまいます。

まず、美術館代を稼ぐために、さしあたって残業します。

そうすると、美術館に行く時間がなくなります。

美術館が夜8時閉館で、7時半までに入ればいいとしても、残業していると行けません。

残業代で美術館代を稼ごうとしているのに、結局は行けないのです。

お金を先に考えると、自動的に時間の使い方が決まります。

「お金の使い方」を変えても、人生は変わりません。

「時間の使い方」を変えることで、その人の生き方が変わるのです。

面接で聞かれる質問は、「昼休みをどう過ごしている」です。

「昼休みはスタバで英語の勉強をしています」とか「美術の勉強をしています」と言

うと、自動的にその人のことがわかります。

「昼休みは勉強のために3000円のランチを食べています」と言っても、その人のことは何もわかりません。

「やっぱり5000円のランチですかね」とか「私は300円でなんとかします」と言われても、その人の人生は何も変わらないのです。

それよりは、お昼休みの時間をどう過ごすかです。

「朝の通勤時間を、どう過ごすか」でも分かれます。

「グリーン車をとって、寝ています」と言う人は、結局、お金をかけて寝ているだけです。

「グリーン車をとると、ゲームがしやすいです」と言う人は、結局、ゲームになっているのです。

一方で、満員電車の中でも本を読んでいる人がいます。

大切なのは、お金のかけ方よりも、時間の使い方です。

生きる誘惑をされると、時間の使い方が変わり、お金の使い方のことは考えなくな

るのです。

お金のことを考えている人のところには、お金は行かないのです。

お金のことを考えない人のところに、お金は行きます。

自分を動かす工夫

50 お金の使い方より、時間の使い方を変えよう。

第6章

「誘惑」で、成長する。

最高の状況より、最悪の状況に、生きる誘惑がある。

ベストコンディションを求めると、しんどくなります。
生きる誘惑は、最悪の状況の中に生まれます。
たとえば、篠山紀信《しのやまきしん》さんは「天気待ち」をしません。
雨なら雨、曇《くも》りなら曇りで撮り始めます。
その時の天気でしか撮れないものがあるのです。
私は博報堂でCM撮影を担当していました。
ある時、朝5時集合で、雨がザーザー降っていました。
これだけ降ったら、次のCMは、どピーカンを求めて朝の光待ちです。
朝5時にみんなが来た時に、「どうするんですか」と、私の方を見るのです。

私は20代で、責任者で行っています。

私は、土砂降《どしゃぶ》りの企画に変更したコンテと、雨がやみかけたコンテの両方を用意しました。

「これで行こう」と考えて持っていったら、雨がやんだのです。

スタッフは、責任者がどちらを考えているかで動きます。

土砂降りの企画は、紙の上ではつくれません。

そんな想定はできないからです。

アクシデントは神様が与えてくれたクリエーティブなのです。

役者でする時も同じです。

たとえば、極道の2人が墓場に行って、2台のスモークベンツから降りてきます。

真剣な会話をする場面です。

この画面は晴れで想定していたのに、雨だったのです。

私は「極道が2人ともビニール傘で出てきたらどうだろう」と考えました。

スモークベンツと100均のビニール傘の組み合わせが、逆に絵としてもリアルで怖さが出るのです。

そこにいい風が吹いてきて、雨がザーザー降って、会話が聞こえないという味のある絵になりました。

悪条件に諦めないでいると、自分の力ではつくれない何かが生まれてきます。

仕事では、お客様や上司やスポンサーから来る制約もあれば、自然界から理不尽に来る制約もあります。

それも込みで新しいものを生み出せるのです。

自分を動かす工夫

51 悪条件を、楽しもう。

出口より、突破口が、生きる誘惑になる。

ウンウン苦しんでいる人は、「出口が見つからない」と言います。

出口がないのはつらくて、怖い夢を見ているようです。

狭いところに閉じ込められて出口が見つからないという状況は、人間関係でも仕事でも起こります。

その時に、出口を見つけようとするからしんどいのです。

出口につながる道でいいのです。

ドアでも、壁でも、見つければいいのです。

『巌窟王《がんくつおう》』のエドモン・ダンテスがスプーンで岩を掘る時は、出口に向かって掘ったのではありません。

出口につながる通路に向かって掘ったのです。

出口より突破口を見つけることが大切です。

突破口の壁を壊す必要はありません。

自分が通れる穴があけばいいのです。

脱走犯は、「これで人間が出られるのかな」と思うくらい、狭い穴から出ます。

猫やゴキブリも、小さいスキ間をツルッと抜けます。

少しのスキ間があれば、外に出られるのです。

壁を壊したり、いきなり出口に行く必要はないのです。

映画の中で、脱走犯は、まず通風孔《つうふうこう》のところへ抜けます。

それがスタートラインです。

よく脱獄ものでは、ベッドの横の後ろの壁をパカッとあけて通風孔につながっているのが見えた瞬間に、観客は登場人物が脱獄することに気づきます。

次に、ゆるんだねじのアップが映ります。

「ポスターを貼りたい」と要望して、壁に何かポスターを貼ったあたりで、「この男は逃げるな」と確信します。
それが生きる誘惑なのです。
医学で、ペニシリンが最初に見つかった後、次々と抗生物質が見つかりました。
ペニシリンが突破口になったのです。
陸上の100メートル走で10秒の壁を破るのも同じです。
1人が10秒の壁を破ると、ほかの選手も続々と破り始めます。
「あっ、いける」と、みんなが思うからです。
何か1つ、突破口を見つけることが生きる誘惑になるのです。

自分を動かす工夫

52 出口より、出口につながる壁を見つけて穴をあけよう。

登り方より、山を見つけることが、生きる誘惑になる。

テクニックが身についたからといって、誘惑はされません。

山登りは、過酷です。

それでも、山登りをする人は、生きる誘惑に駆られているのです。

それは登り方を覚えるからではありません。

山登りをやめられない理由は、「あそこにあんな山がある」と、今まで知らなかった山を見つけてしまうことなのです。

私は、中学生の時にオリエンテーリング部をつくりました。

本屋さんで『空手を始める人のために』という本の隣に、黄緑の表紙の『オリエンテーリング入門』がありました。

その最後のページに差し込みはがきがあって、「5人1組で往復はがきで送ってください」と申し込み方法が書いてありました。

インターネットのない時代です。私は「これ、まだ申し込みに間に合う」と思って、いつも野球をしている仲間の名前を勝手に書いて申し込んだのです。

「オリエンテーリングって何?」と、私自身、読むのは申し込んでからです。

「なるほど、地図を見て、山で隠したマークを探すんだ。面白そう」と興味を持ちました。

オリエンテーリングをする場所は、それまで行ったことのない土地でした。

気の毒なのは、当日の朝、野球のつもりで集合場所に来た仲間です。

お母さんのママサンダルで来た子もいました。

「今日は、野球じゃなくてオリエンテーリングに行くぞ」

「オリエンテーリング?」

「とりあえず電車に乗るよ」

と、ママサンダルのまま、いきなり電車に乗って出発しました。

初めてのオリエンテーリングで、次回の申し込みまでして帰ってきました。

その後、何回も行きました。

私たちのグループは初心者なので、最低限のルールしか知りません。

ほかの選手は、みんなプロフェッショナルです。

マークを見つけても、ほかの選手に見つかってはいけないと、通り過ぎるのです。

私たちはマークを見つけると、「あった、あった！」と大騒ぎしていました。

まわりの選手からすると迷惑な存在です。

不思議なことに、私たちは勧誘された集まりではありません。

テクニックを覚える前に、「こんなのがあるんだ」と存在を知ることが、生きる誘惑になるのです。

自分を動かす工夫

53

方法より、目標を見つけよう。

ラクなことより、しんどいことに、生きる誘惑がある。

「ラクなこと」と「しんどいこと」があった時に、疲れてくると、ついラクな方を選びがちです。

ラクなことを選んだ瞬間、次はもっとラクなことでないと耐えられなくなります。

これはプロとアマとの違いです。

アマチュアは、「ラクになりたい」「ほめられたい」と考えます。

最初にハードルを下げ、ラクにしておいて「よくできたね」と言われたいのです。

成長欲のある人は、「しんどい方を選んで叱られたい」と考えます。

ダメ出しをしてもらうことによって、自分がさらに成長するからです。

人生は、「ラクになりたい」か「成長したい」かの2択です。

人は、成長することにモチベーションが湧きます。

ラクになることでは、燃えないのです。

自分を動かす工夫

54

ラクになりたいより、成長したいを目指そう。

「○○までの努力」より、「○○からの努力」が生きる誘惑になる。

転職の模擬面接をすると、「自分はさんざん面接を受けてきて、今さらだからどうでもいいんですけど」と言った人がいます。

その時、私は「僕はどうでもよくないと思うぞ。終わったことを検証してみようよ。だって、今日死んでしまうわけじゃない。まだこれから先あるんだから、あの受け答えでよかったのか考えよう」とアドバイスします。

かつて私は吉川十和子《とわこ》さんと二人芝居をしました。

毎回終わるたびに、

「十和ちゃん、あそこは今度こうしようか」

「じゃあ、そうしましょう」

「十和ちゃん、何か気づいたことある？」

「私はあそこのところを、どうしようかと思っているんですけど、どうした方がいいですか」

と、2人で凄く相談しながらしていました。

千秋楽《せんしゅうらく》を迎え、打ち上げがありました。

打ち上げの間も、私は十和ちゃんと「十和ちゃん、今日のあれは今度はこうしよう」

「そうですね。私も1つ気づいたんですけど、ここでこうした方がもっといいかな」と
相談していました。

次の公演は何も決まっていません。

それでも、私はこういう検証をするのが好きです。

あるドラマの撮影で、1つのシーンが終わりました。

次のシーンの撮影場所までクルマで移動しています。

そのクルマの中では、次のシーンのセリフの練習はしません。

「あそこはこういう言い方があったな」と、終わったシーンの練習をしているのです。

これが「○○からの努力」です。

将棋も、終わった後の感想戦が楽しいのです。

「あそこでこういう手があったな」という感想戦で力が伸びていきます。

ダンスでも、デモンストレーションに出た後、「あそこはどうした方がよかったのか」と、気づいたことを先生にすぐ質問したり、おさらいすることが大切です。

発表会が終わるとしばらく練習に来なくなり、また発表会の前に練習するというタイプは、伸びないだけでなく、ダンスそのものを楽しめないのです。

自分を動かす工夫

55

ゴールしても、走り続けよう。

諦めるとは、現状に甘んじることだ。現状に甘んじないことが、生きる誘惑になる。

「向上心は持たなくちゃいけないんでしょうか。僕は向上心なんていらないと思うんですけど」と聞く人がいます。

その時、私は「いらないよ。だって、向上心は好き好きだから」と答えます。

向上心は、食べ物の好き嫌いと同じです。

「魚が苦手なんです」と言う人は、別に魚を食べなくてもいいのです。

「食べなくていいよ」と言うと、「そうなんですか?」と、食い下がる人がいます。

この人は、「持たなくてはダメだよ」と言われたいという甘えがあるのです。

自分を動かす工夫

56 向上心を、放棄しない。

「好き好きだよ」と言われても、「向上心が好きじゃない自分と言われたらイヤだ」と考えるからです。その人は向上心は嫌いでも、他者評価を気にする人なのです。

向上心を持つか持たないかではなく、他者評価を気にしないことが大切です。

諦めることは、現状に甘んじることです。

現状に甘んじている限り、生きる誘惑は湧いてきません。

「このままで死にたくない」というところが生きる誘惑になるのです。

駅のホームに立って、「ここで後ろから誰かが押してくれたらいいのに」と言うのは、死ぬ誘惑です。

そこで、「しまった。今日はお気に入りのパンツではない。なんで出しておいたあのパンツをはいてこなかったんだろう」と思う人は、生きたいという気持ちになります。

どんな時も現状に甘んじないことで、生きる誘惑が生まれるのです。

問題があることが、生きる誘惑になる。問題を解決することが、デザインだ。

デザインは、生きる誘惑になります。

デザインと言うと、カッコよくすること、色を塗ること、形を変えることと思いがちです。

実は違います。

デザインは、問題を解決することです。

問題のないものを、つい選びたがります。

「問題がないこと」より「問題があること」を選び、「問題を解決していく」というプ

ロセスに生きる誘惑があるのです。

人間は、突発的に起きた問題を解決しようとする時にワクワクします。

災害が起きたり、不景気になった時に、「いよいよオレの出番が来たかな」と、目がらんらんとしてくる経営者がいます。

これが生きる誘惑です。

本来、リーダーはそういう存在です。

トラブルが起こると「いよいよ出番かね」と、ワクワクするのです。

トラブルが起きた時は、「運が悪いな」と思うか「いよいよ自分の出番だな」と思えるかの分かれ目です。

バレンタイン監督が、ある少年野球チームの指導をしました。弱小チームを強豪チームと特訓して戦わせる時に、ダブルヘッダーを組んで、1回戦は負けました。

私が「やっぱり負けたか」と思っていると、2回戦目は勝ちました。

それでも最終回に追い詰められたのです。

ピッチャーがド緊張して、ストライクが入らなくなりました。

今まで勝ったことがないから、初めて勝てるという欲が湧いてきたのです。

その瞬間にイップスが始まって、ボールがうまく手から離れなくなりました。

いつもできている単純な動きが、勝ちが見えた瞬間にできなくなったのです。

そこでバレンタイン監督がタイムをとってマウンドに行き、たったひと言「チョー楽しい」と、アドバイスしました。

「今、1打打たれたら逆転サヨナラ負け、アウトをとれば初めて強豪チームに勝てる。私は監督としてこんなピンチの場面に立ち会えてチョー楽しい」とだけ言って戻ったのです。

小学生のピッチャーは、「何、緊張してるんだ」と、叱られると思っていました。

そういう時に、予想と違うポジティブなアドバイスを受けると安心できます。

ピンチの場面で「チョー楽しい」というひと言は、生きる誘惑になるのです。

自分を動かす工夫

57

問題を探そう。

他者に自由を求める人は不自由になり、自分に自律を求める人は自由になる。

誰でも「自由になりたい」と思っています。

自由は最大の生きる誘惑です。

実際は、「自由になりたい」と言う人は、自由になれません。

それは、人に向かって言っているからです。

「親がかまう」「上司がヤイヤイ言う」「お客様がヤイヤイ言って、私は自分の時間を自由に生きられない」「みんな、私を自由にしてくれ」というのは、すべて他者に求めています。

本当に自由になれる人は、自分自身を律することができる人です。

これを「自律」と言います。

他者に「自由にしてくれ」と言うだけでは、逆に自由になれません。

自由になりたいなら、自分自身に制約を与えて、自分のルールをつくることです。

白洲《しらす》次郎の「プリンシプル（原理）」も、自分に課したルールです。

映画『トランスポーター』で、ジェイソン・ステイサムが演じたヤバい品物をクルマで運ぶ運転手は、自分でルールをつくっていました。

マンガ『ゴルゴ13』のデューク東郷《とうごう》も、自分のルールで生きています。

デューク東郷は、他者に求めたルールではなく、自分自身に制約を与えることによって、結局自由に生きているのです。

制約のないことが自由ではありません。

他者に「制約を緩めてくれ」と言わないことです。

「これはすること」「してはいけないこと」「これはこうしなければいけない」という制約は、白洲次郎の言うプリンシプルです。

自分自身の原理原則をつくればいいのです。

茶道は、ただお茶を飲むだけで、１００も２００も決まりごとがあります。

それぞれ個人の好きなようにはできません。
それなのに自由に楽しめます。
多くの制約を自分自身に課すことによって自由度が生まれるのです。

自分を動かす工夫

58

自分に自律を求めよう。

混沌から、生きる誘惑が生まれる。

つい整理された状況を求め、混沌を避けようとします。

「もし男として生まれ変わったら、戦国時代か幕末か終戦直後に生まれたいな」と言いながら、「今、会社が転換期で困っているんです」と言うのはおかしいです。

「右肩上がりの時代はよかったな」と考えているのです。

転換期は右肩上がりの時代ではありません。

給料が下がっていく時代です。

「上がるのか下がるのか、もう先が読めない」と、未来がわからないのです。

「昔は、本を出せば売れる時代があったんだよ」と言いながら、「戦国時代に生まれたかった」と言うのは矛盾しています。

自分を動かす工夫

59

混沌は、避けない。

生きる誘惑は、混沌の中にあります。

グチャグチャで、わけがわからない時に、あらゆる人にチャンスがあるのです。

それはエネルギー移動が一番高いということです。

物理学的には、ブラウン運動の一番激しい状態がエネルギーが高くて、だんだんおさまってくると、エネルギーの消滅になります。

エネルギー移動がおさまってくるのです。

混沌を避けないことが、生きる誘惑になります。

そのためには、一度混沌とした体験をしておくことが大切なのです。

美しいしぐさの誘惑をされることで、美しいしぐさになる。

マナーをよくするのは簡単です。

美しいしぐさの人を見てマネすればいいのです。

美しいしぐさも、美しいものの1つです。

美しいしぐさを見ると、「あんなふうになりたい」と思って、見よう見まねでマネをします。

マナーは、「こうしなければいけない」というものではありません。

お茶のお師匠さんの襖《ふすま》のあけ方・座り方・立ち方・おじぎの仕方を見て、「自分もあんなふうになりたい」と思ったら、自動的にマネするのです。

茶道は、しきたりごとだらけです。

「ここはこうしなければならない」ということばかりでは、しんどくなります。
「お師匠さんのようになりたい」と思っていると、しきたりごとはすべてコツに変わります。

生きる誘惑は、ルールではなく、工夫なのです。

自分を動かす工夫

60 美しいしぐさに出会おう。

エピローグ

教えているのではない。
人生を変えているのだ。

私は人を教える仕事をしています。

同時に、人に教わる立場でもあります。

教える時も教わる時も意識しているのは、「自分は教えたり教わったりしているわけではない」ということです。

レナード・バーンスタインは、売れっ子作家になって、アメリカ人で初めてニューヨークフィルの総指揮者になりました。

ミュージカル『ウエストサイド・ストーリー』が映画化、大ヒットして、映画音楽作曲家としても大人気になりました。

ルックスもカッコよく、モテモテです。

映画音楽・作曲・指揮・教育・講演・デートと、超多忙です。

そんな中で、彼はサマーキャンプでティーチインする機会がありました。

指揮者を目指す大学生ぐらいの若い子たちに授業をするのです。

授業の途中で、「レナードさん、そろそろ次の仕事に行きましょう。時間がオーバーしているので、教えるのはその辺にしておいてください」と言われました。

その時、バーンスタインは「I am not teaching. I am changing his life.**（僕は教えているんじゃない。彼の人生を変えているんだ）**」と言ったのです。

そう言われたのが、NHK交響楽団で初代主席指揮者のパーヴォ・ヤルヴィさんです。

レナード・バーンスタインは、テクニックを教えているのではありません。

「指揮は楽しいぞ」という誘惑をしたのです。

どんな分野でも、難しさより楽しさを教えることで人生が変わるのです。

自分を動かす工夫

61 生きる誘惑で、人生を変えよう。

『「学び」を「お金」にかえる勉強』

【毎日新聞出版】
『あなたのまわりに「いいこと」が起きる70の言葉』
『なぜあの人は心が折れないのか』

【大和出版】
『「しつこい女」になろう。』
『「ずうずうしい女」になろう。』
『「欲張りな女」になろう。』
『一流の準備力』

【すばる舎リンケージ】
『好かれる人が無意識にしている言葉の選び方』
『好かれる人が無意識にしている気の使い方』

【ベストセラーズ】
『一歩踏み出す5つの考え方』
『一流の人のさりげない気づかい』

【現代書林】
『チャンスは「ムダなこと」から生まれる。』
『お金の不安がなくなる60の方法』
『なぜあの人には「大人の色気」があるのか』

『1秒で刺さる書き方』**(ユサブル)**
『昨日より強い自分を引き出す61の方法』**(海竜社)**
『状況は、自分が思うほど悪くない。』**(リンデン舎)**
『一流のストレス』**(海竜社)**
『成功する人は、教わり方が違う。』**(河出書房新社)**
『名前を聞く前に、キスをしよう。』**(ミライカナイブックス)**
『なぜかモテる人がしている42のこと』**(イースト・プレス　文庫ぎんが堂)**
『人は誰でも講師になれる』**(日本経済新聞出版社)**
『会社で自由に生きる法』**(日本経済新聞出版社)**
『全力で、1ミリ進もう。』**(文芸社文庫)**
『「気がきくね」と言われる人のシンプルな法則』**(総合法令出版)**
『なぜあの人は強いのか』**(講談社+α文庫)**
『大人になってからもう一度受けたいコミュニケーションの授業』**(アクセス・パブリッシング)**
『運とチャンスは「アウェイ」にある』**(ファーストプレス)**
『大人の教科書』**(きこ書房)**
『モテるオヤジの作法2』**(ぜんにち出版)**
『かわいげのある女』**(ぜんにち出版)**
『壁に当たるのは気モチイイ人生もエッチも』**(サンクチュアリ出版)**
書画集『会う人みんな神さま』**(DHC)**
ポストカード『会う人みんな神さま』**(DHC)**
『サクセス＆ハッピーになる50の方法』**(阪急コミュニケーションズ)**

[面接の達人]**(ダイヤモンド社)**

『面接の達人　バイブル版』

【PHP文庫】
『もう一度会いたくなる人の話し方』
『お金持ちは、お札の向きがそろっている。』
『たった3分で愛される人になる』
『自分で考える人が成功する』

【だいわ文庫】
『いい女のしぐさ』
『美人は、片づけから。』
『いい女の話し方』
『「つらいな」と思ったとき読む本』
『27歳からのいい女養成講座』
『なぜか「HAPPY」な女性の習慣』
『なぜか「美人」に見える女性の習慣』
『いい女の教科書』
『いい女恋愛塾』
『やさしいだけの男と、別れよう。』
『「女を楽しませる」ことが男の最高の仕事。』
『いい女練習帳』
『男は女で修行する。』

【学研プラス】
『なぜあの人は感じがいいのか。』
『美人力』(ハンディ版)
『嫌いな自分は、捨てなくていい。』

【あさ出版】
『孤独が人生を豊かにする』
『「いつまでもクヨクヨしたくない」とき読む本』
『「イライラしてるな」と思ったとき読む本』

【きずな出版】
『しがみつかない大人になる63の方法』
『「理不尽」が多い人ほど、強くなる。』
『グズグズしない人の61の習慣』
『イライラしない人の63の習慣』
『悩まない人の63の習慣』
『いい女は「涙を背に流し、微笑みを抱く男」とつきあう。』
『いい女は「紳士」とつきあう。』
『いい女は「言いなりになりたい男」とつきあう。』
『いい女は「変身させてくれる男」とつきあう。』
『ファーストクラスに乗る人の自己投資』
『ファーストクラスに乗る人の発想』
『ファーストクラスに乗る人の人間関係』
『ファーストクラスに乗る人の人脈』
『ファーストクラスに乗る人のお金2』
『ファーストクラスに乗る人の仕事』
『ファーストクラスに乗る人の教育』
『ファーストクラスに乗る人の勉強』
『ファーストクラスに乗る人のお金』
『ファーストクラスに乗る人のノート』
『ギリギリセーーフ』

【ぱる出版】
『粋な人、野暮な人。』
『品のある稼ぎ方・使い方』
『察する人、間の悪い人。』
『選ばれる人、選ばれない人。』
『一流のウソは、人を幸せにする。』
『セクシーな男、男前な女。』
『運のある人、運のない人』
『器の大きい人、器の小さい人』
『品のある人、品のない人』

【リベラル社】
『50代がもっともっと楽しくなる方法』
『40代がもっと楽しくなる方法』
『30代が楽しくなる方法』
『チャンスをつかむ 超会話術』
『自分を変える 超時間術』
『一流の話し方』
『一流のお金の生み出し方』
『一流の思考の作り方』

【秀和システム】
『人とは違う生き方をしよう。』
『なぜ あの人はいつも若いのか。』
『楽しく食べる人は、一流になる。』
『一流の人は、○○しない。』
『ホテルで朝食を食べる人は、うまくいく。』
『なぜいい女は「大人の男」とつきあうのか。』
『服を変えると、人生が変わる。』

【日本実業出版社】
『出会いに恵まれる女性がしている63のこと』
『凛とした女性がしている63のこと』
『一流の人が言わない50のこと』
『一流の男　一流の風格』

【主婦の友社】
『輝く女性に贈る 中谷彰宏の運がよくなる言葉』
『輝く女性に贈る 中谷彰宏の魔法の言葉』

【水王舎】
『なぜあの人は「教養」があるのか。』
『「人脈」を「お金」にかえる勉強』

【あさ出版】
『気まずくならない雑談力』
『なぜあの人は会話がつづくのか』

【学研プラス】
『頑張らない人は、うまくいく。』
文庫『見た目を磨く人は、うまくいく。』
『セクシーな人は、うまくいく。』
文庫『片づけられる人は、うまくいく。』
『なぜ あの人は2時間早く帰れるのか』
『チャンスをつかむプレゼン塾』
文庫『怒らない人は、うまくいく。』
『迷わない人は、うまくいく。』
文庫『すぐやる人は、うまくいく。』
『シンプルな人は、うまくいく。』
『見た目を磨く人は、うまくいく。』
『会話力のある人は、うまくいく。』
『ブレない人は、うまくいく。』

【リベラル社】
『モチベーションの強化書』
『問題解決のコツ』
『リーダーの技術』

『速いミスは、許される。』**(リンデン舎)**
『歩くスピードを上げると、頭の回転は速くなる。』**(大和出版)**
『結果を出す人の話し方』**(水王舎)**
『一流のナンバー2』**(毎日新聞出版)**
『なぜ、あの人は「本番」に強いのか』**(ぱる出版)**
『「お金持ち」の時間術』**(二見書房・二見レインボー文庫)**
『仕事は、最高に楽しい。』**(第三文明社)**
『「反射力」早く失敗してうまくいく人の習慣』**(日本経済新聞出版社)**
『伝説のホストに学ぶ82の成功法則』**(総合法令出版)**
『リーダーの条件』**(ぜんにち出版)**
『転職先はわたしの会社』**(サンクチュアリ出版)**
『あと「ひとこと」の英会話』**(DHC)**

[恋愛論・人生論]

【ダイヤモンド社】
『なぜあの人は感情的にならないのか』
『なぜあの人は逆境に強いのか』
『25歳までにしなければならない59のこと』
『大人のマナー』
『あなたが「あなた」を超えるとき』
『中谷彰宏金言集』
『「キレない力」を作る50の方法』
『30代で出会わなければならない50人』
『20代で出会わなければならない50人』
『あせらず、止まらず、退かず。』
『明日がワクワクする50の方法』
『なぜあの人は10歳若く見えるのか』
『成功体質になる50の方法』
『運のいい人に好かれる50の方法』
『本番力を高める57の方法』
『運が開ける勉強法』
『ラスト3分に強くなる50の方法』
『答えは、自分の中にある。』
『思い出した夢は、実現する。』
『面白くなければカッコよくない』
『たった一言で生まれ変わる』
『スピード自己実現』
『スピード開運術』
『20代自分らしく生きる45の方法』
『大人になる前にしなければならない50のこと』
『会社で教えてくれない50のこと』
『大学時代しなければならない50のこと』
『あなたに起こることはすべて正しい』

【PHP研究所】
『なぜあの人は、しなやかで強いのか』
『メンタルが強くなる60のルーティン』
『なぜランチタイムに本を読む人は、成功するのか。』
『中学時代にガンバれる40の言葉』
『中学時代がハッピーになる30のこと』
『14歳からの人生哲学』
『受験生すぐにできる50のこと』
『高校受験すぐにできる40のこと』
『ほんのささいなことに、恋の幸せがある。』
『高校時代にしておく50のこと』
『中学時代にしておく50のこと』

中谷彰宏　主な作品一覧

［ビジネス］

【ダイヤモンド社】
『50代でしなければならない55のこと』
『なぜあの人の話は楽しいのか』
『なぜあの人はすぐやるのか』
『なぜあの人の話に納得してしまうのか[新版]』
『なぜあの人は勉強が続くのか』
『なぜあの人は仕事ができるのか』
『なぜあの人は整理がうまいのか』
『なぜあの人はいつもやる気があるのか』
『なぜあのリーダーに人はついていくのか』
『なぜあの人は人前で話すのがうまいのか』
『プラス1%の企画力』
『こんな上司に叱られたい。』
『フォローの達人』
『女性に尊敬されるリーダーが、成功する。』
『就活時代しなければならない50のこと』
『お客様を育てるサービス』
『あの人の下なら、「やる気」が出る。』
『なくてはならない人になる』
『人のために何ができるか』
『キャパのある人が、成功する。』
『時間をプレゼントする人が、成功する。』
『ターニングポイントに立つ君に』
『空気を読める人が、成功する。』
『整理力を高める50の方法』
『迷いを断ち切る50の方法』
『初対面で好かれる60の話し方』
『運が開ける接客術』
『バランス力のある人が、成功する。』
『逆転力を高める50の方法』
『最初の3年その他大勢から抜け出す50の方法』
『ドタン場に強くなる50の方法』
『アイデアが止まらなくなる50の方法』
『メンタル力で逆転する50の方法』
『自分力を高めるヒント』
『なぜあの人はストレスに強いのか』
『スピード問題解決』
『スピード危機管理』
『一流の勉強術』
『スピード意識改革』
『お客様のファンになろう』
『なぜあの人は問題解決がうまいのか』
『しびれるサービス』
『大人のスピード説得術』
『お客様に学ぶサービス勉強法』
『大人のスピード仕事術』
『スピード人脈術』
『スピードサービス』
『スピード成功の方程式』
『スピードリーダーシップ』
『出会いにひとつのムダもない』
『お客様がお客様を連れて来る』
『お客様にしなければならない50のこと』
『30代でしなければならない50のこと』
『20代でしなければならない50のこと』
『なぜあの人は気がきくのか』
『なぜあの人はお客さんに好かれるのか』
『なぜあの人は時間を創り出せるのか』
『なぜあの人は運が強いのか』
『なぜあの人はプレッシャーに強いのか』

【ファーストプレス】
『「超一流」の会話術』
『「超一流」の分析力』
『「超一流」の構想術』
『「超一流」の整理術』
『「超一流」の時間術』
『「超一流」の行動術』
『「超一流」の勉強法』
『「超一流」の仕事術』

【PHP研究所】
『もう一度会いたくなる人の聞く力』
『【図解】仕事ができる人の時間の使い方』
『仕事の極め方』
『【図解】「できる人」のスピード整理術』
『【図解】「できる人」の時間活用ノート』

【PHP文庫】
『入社3年目までに勝負がつく77の法則』

【オータパブリケイションズ】
『レストラン王になろう2』
『改革王になろう』
『サービス王になろう2』

著者紹介

中谷彰宏（なかたに・あきひろ）

1959年、大阪府生まれ。早稲田大学第一文学部演劇科卒業。84年、博報堂に入社。ＣＭプランナーとして、テレビ、ラジオＣＭの企画、演出をする。91年、独立し、株式会社 中谷彰宏事務所を設立。

ビジネス書から恋愛エッセイ、小説まで、多岐にわたるジャンルで、数多くのロングセラー、ベストセラーを送り出す。「中谷塾」を主宰し、全国で講演・ワークショップ活動を行っている。
■公式サイト　https://an-web.com/

本の感想など、どんなことでも、
あなたからのお手紙をお待ちしています。
僕は、本気で読みます。　　　中谷彰宏

〒162-0816　東京都新宿区白銀町1-13
きずな出版気付　中谷彰宏　行
※食品、現金、切手などの同封は、ご遠慮ください（編集部）

中谷彰宏は、盲導犬育成事業に賛同し、この本の印税の一部を（公財）日本盲導犬協会に寄付しています。

生きる誘惑
自分を動かす61の工夫

2019年4月1日　第1刷発行

著　者　　中谷彰宏

発行者　　櫻井秀勲
発行所　　きずな出版
東京都新宿区白銀町1-13　〒162-0816
電話03-3260-0391　振替00160-2-633551
http://www.kizuna-pub.jp/

装　幀　　福田和雄（FUKUDA DESIGN）
編集協力　ウーマンウエーブ
印刷・製本　モリモト印刷

ISBN978-4-86663-065-6

きずな出版

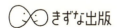

書籍の感想、著者へのメッセージは以下のアドレスにお寄せください
E-mail：39@kizuna-pub.jp

http://www.kizuna-pub.jp